Vision

一些人物，
一些視野，
一些觀點，
與一個全新的遠景！

其實你沒有學會愛自己。

練習以愛，重新陪自己長大

蘇絢慧
知名諮商心理師
悲傷療癒專家

不愛自己的理由千萬個，
愛自己的理由卻怎麼一個也找不到？

他人能給予，是一種幸福，
他人不能給予，是一種限制；
他人能夠理解，是一份感謝，
他人不能理解，是一份事實。

【自序】

你真的可以學會愛自己

我人生走到四十不惑之年，我時常問自己：我是否不惑了？對自己生命的意義與此生所要實現的自我價值，是否真的篤定了？我是否真的走在這對的道路上，為此生所要知天命的修練，付出我最大的努力與堅持？

我相信所要學習的生命課題仍是在我人生前方，那些失落的課題、分離的課題、捨去及付出的課題，乃至老化與死亡的課題，都是我生命持續要歷練與學習的功課。但是，有一個課題的學習，是我人生走至現在，我清楚的體認到，這是人生最大的學習與修練，那是關於——愛的學習。若人生的壽命有八十，我幾乎用了人生的二分之一時間在愛的體驗中，失落，受苦，迷惘與困頓。但也在當中，慢慢的瞭解著，練習著，學會照顧與回應那些早年生命對愛感到缺乏的，不足的，受困的哀傷心靈。

我學習當自己生命的媽媽（現實生活中我很小就失去媽媽），練習著瞭解自己需要一個什麼樣的媽媽；一個懂得傾聽我心情的媽媽，一個可以讓我感受到支持與寬容的媽媽，一個真心接納我與引導我的媽媽，一個懂界限且剛柔並濟的媽媽，一個有真實力量保護孩子的媽媽，一個溫柔同時有承接力的媽媽……

我為自己學習，練習成為這樣的照顧者——我心理意義上的媽媽。然後，陪自己重新長大一次，好好的經驗著成熟蛻變的歷程；真正的成為一個成熟的生命，展現自己的生命力量，而非再是那個缺乏愛的孩子。缺愛的孩子，因為沒有足夠被撫慰與被照顧經驗，長成了——外表是成人，內在卻停留在孩子無助與無辜狀態，且因為對愛飢渴，而不斷向外搜尋，又向外討取與掌控的人。

我將我自己從跌落摔跤，十足挫敗的人生中攙扶起來。為自己負起這照顧生命與強健心靈的最大責任。所以這本書所寫下的感觸、經歷、領受、體悟都是真實走過的。沒有捷徑，必須紮實的練習著。就像練功夫中最基本的蹲馬步，或基本拳法，即使不炫目，不花拳繡腿，也讓自己不求快，不求速成的體驗著，研究著，練習著。

這一段領悟與重新滋養自我的歷程及學習，讓我寫下這本書。同時，也以這本書回應《其實我們都受傷了》讀者群的疑惑與需求。

許多人閱讀《其實我們都受傷了》之後，接續引發的問題是：我知道我受傷了，然後呢？

對於自己從小到大受過的傷，與形成的影響，也許在閱讀時開始慢慢的甦醒，漸漸覺察出來，但知道了之後，生命會因此大幅度的不同嗎？生命的傷與痛就會因此痊癒嗎？

答案是：「當然不會如此神奇與絕妙。」

《其實我們都受傷了》一書，讓許多人壓抑到潛意識的受傷與脆弱情緒、傷痛經驗與記憶，有了一個出口浮現，從潛意識層浮出到意識層。也慢慢分辨出過去的傷痛如何在後來的人生現場中不斷重演、不停複製，換了一群人，換了場景，我們卻還是進入到相似的情節，走到相同的結局。

我們知道了，但不意謂著我們因此就改造了或全然不同了。我們仍未學習以新的方式、新的詮釋、新的途徑，來經歷與知覺我們生命所發生的一切。有句名言：「江山易改，本性難移」，正說明了性格改變的困難。而性格反映出我們的處事與人際模式，也反映我們的情感、知覺與行動偏向，同時反映出我們的認知信念及參考架構。

因此，若沒有深入的檢視，若沒有重新建立與提升生命個體所適合的有利作業系統，則生命個體的運作，可能還是會在老問題上當機、卡關與循環。

這並非以「要完美」的角度在看待人的這個處境，而是由衷希望在人生一世，每個人都有機會實現他個體想要實現的自我，完成他想要看到的具有超越性、突破性與成長性的自己。並能體會到身為人類，這具高智慧能力的生命，可以為自己、為他人、為世界創造更多的美好與平衡、真誠與合一。不再是製造著分裂、對立、衝突、攻擊、傷害與威嚇。

基於這樣的來龍去脈，因此，這本《其實你沒有學會愛自己》誕生了。

過去我們生命被錯待與受傷的經驗，常常讓我們懷疑自己生命的價值與美好，也讓我們不再相信自己是值得被愛與值得被無條件支持的。我們開始將自己視為一個應被憎恨的對象，或總是對自己不斷的糾正找錯。內在不曾懷疑，深信著若不是自己太卑微、太不堪、太無價值、太醜陋、太可笑……那麼也不會經歷到被他人酸諷、指責、厭惡、排擠、懲罰、怪罪與埋怨。若不是這一個「我」不夠好、不進取、不成功、不亮麗、不光彩……自己也不用經歷到被排除、被切割、被捨下、被漠視與被遺棄。

許多人正是如此將受傷與被錯待的經驗，轉移成對自己的憎恨與厭惡。

於是，自己，成為最不愛自己的人；自己，成為最想讓自己消失隱藏的人。

自己，成為最模糊的輪廓；愛自己，成為很不可能實現的願望。

但憎恨與厭惡自己，卻是人陷入痛苦深淵的罪魁禍首。無論是麻痺與迴避自己，或是不斷的攻擊與殘害自己，無不是想要解決那一份巨大的痛苦。如果這樣的痛苦感，人可以意識到、覺悟到痛苦產生的機制或源頭，那麼或許便有了機會追溯痛苦的來歷；那些生命歷史中，生命被錯誤對待的方式而造成的創傷，而形成的破碎自我、不成形的「自我」。

而唯有讓「自我」好好成長、成熟，有了實質功能，「自我」才能擔負起照顧生命的責任與重量。

但「自我」要如何能獲得好好成長、成熟的契機呢？

答案並非尋求一個理想完美兼具權威的替代性父母（這是投射出渴望的幻想），來好好愛我、滋養我、保護我、供應我。而是**願意為自己擔負起這些關愛的職責**；以成人之愛重新陪自己長大，接納自己的所有，為自己找尋可以利於成長的資源與條件，並妥善的為「自我」的發展進行維護與正確照顧，練習設立適宜的人我界線，不再讓「自我」動不動就被侵犯、被傷害與被波及。

坊間談愛自己的書不少，諸如：擁抱自我、擁抱內在小孩、擁抱不完美自己、與自我相遇等等關鍵字的書籍其實很豐富，這本書的出版意義無疑是再度喚起人們關注與自己的關係，能重視內在心靈傷痛的療癒。

也許當你拿起這本書閱讀的開始，正是你的生命歷經千辛萬苦終於讓你意識到自己的存在與重要，而讓你踏上尋找自己，與自己相遇之旅，這本書有幸陪你走一段，願你在這一段旅程的終點站，終於學會愛自己。

【註】自我的心理學定義：

所謂「自我」(self)，是指個體意識中關於他自己的基本特徵的一個統整概念或框架。一個成熟而心理健康的人，通常都對「自我」有一個清晰、穩定與持續的概念，稱為自我概念。如果一個人的自我無法統整，他就可能面臨「統合性危機」。當人缺乏對自己的清晰而完整的概念，「自我」的各個部分是混亂與混淆的，並且常因環境的因素而擺盪與受衝撞；在建立生活目標，生存的價值感和充實感方面也易感覺無法踏實，因而經常莫名其妙的感到「空虛」與「沮喪」。

生命若沒有遭遇衝擊而產生了裂痕，
那麼我們幾乎沒有機會停頓，
也沒有機會端詳清楚，
自己生命內在究竟藏有多少未處理的傷痛，
與積壓到發霉發臭的委屈與怨恨。

目錄

每一個人，這一生就只能做好自己。
因此，你不可能冒充別人，
也不可能只是模仿別人，
這一生，你需要的完成的，
其實只有好好的成為自己、做好自己。

痛苦或許會提醒我們還活著，
愛則讓我們明白活著的意義。

——特里斯坦・歐文・休斯

第一章

個體生存「要強」的歷史

——容許生命的脆弱，真實滋養生命

堅強的心，需要愛的滋潤
——要強卻孤單的麗秋

麗秋是一位在職場上非常努力的女性，從外表上便能看見她直挺的身軀，彷彿不能容許有一刻彎腰駝背，鬆懈下來。從面容上，幾乎瞧不見麗秋臉上有一絲病容的痕跡，她仍是盡可能把自己打扮好，無論妝法或是衣著，仍是有所講究。

然而事實上，麗秋經歷了一次乳癌手術，也做了一連串的化療計畫。即使經歷疾病的打擊與治療的不舒服，但麗秋要自己千萬不能向疾病低頭，也不能認輸。所以堅韌的她撐住了整個療程。而最令人吃驚的是，整個過程，她沒有讓任何一個親友陪伴她，因為她相信自己不值得浪費別人的時間，也不該造成他人的麻煩。

即使，有些同事、朋友想陪伴她，她也總是說：「沒事，沒事，這不嚴重，不用麻煩。」而麗秋的丈夫則是從頭到尾都沒有特別表示什麼，好像麗秋什麼都可以自己來，不需要他一點在意與幫忙。丈夫仍然自顧自的工作、休閒，維持他一貫的生活作息。

麗秋有一個女兒，但在外縣市讀大學，麗秋當然想都沒有想過要女兒耽誤功課，回來幫忙照顧她。她甚至沒特別告訴女兒自己究竟是什麼樣的病況。

對麗秋來說，好像事情本來就該這樣，自己承擔，靠自己面對。從小就記得母親告訴過她：「不要想靠別人，也不要想依賴，自己的事自己做好，不要想求別人，求別人是最沒用的表現。」麗秋把母親說過的話奉為絕對不能質疑的規定與標準。能符合母親說的標準，麗秋才能有一些安心，覺得自己沒有那麼糟，那麼讓母親失望與丟臉。

然而，麗秋的內心一直有種說不出的孤單感。這種孤單感她沒有對任何人說過，她也想辦法要說服自己，這人世任誰都是孤獨的，孤獨又有什麼關係。但是，在療程結束後，當她試著要盡快返回生活常軌時，一種空虛與無助感突然襲來，她突然不知道在這世界上，她的存在價值是什麼？如果很快的她就要面臨死亡，或是下一次癌症又復發，是不是她的存在與消失，對這世界來說，一點影響都沒有？有她沒有她，其實都差不多。

想到這裡，麗秋就不敢想下去，好像有一種絕望感要從她的身體深處挖開來，她感到十分驚嚇。但不敢再多想的她，卻開始感受到一種莫名的焦躁，好像有什麼危險的事要發生，不能安心，但又說不清楚究竟那是什麼情況。不只如此，麗秋的內心也開始有一種沮喪與低落蔓延，好似生活的一切都變得很沒意義，剎那間所擁有的都會全部消失。而她，越來越只會成為一個累贅，一個沒用的東西，一個沒有生產力的廢物。她開始覺得生命出現了一個黑色漩渦，正在席捲她，準備吞噬她的生命……

堅強是自我保護的盔甲

說到生命的堅強與只能靠自己，是很多人的共同生命信念。特別是在我們的華人歷史中，不論地區為何，家庭都經歷過被殖民或移民的記憶。

在那些不可考的歷代家族史中，或許那些關於被殖民或移民的辛酸與恥辱過往已漸漸從後代的記憶中模糊，但留在代代血液中的，是不可捍動的家庭信念：我們必須成為「強者」，好在現實而殘酷的生存競技中，保全性命，為自己與家族掙得更多有利資源及條件；好讓原本恥辱的、羞愧的、辛酸的往事過去，讓尊嚴得以平反，也庇佑延續家族後代的安全與光榮。

被要求「要強」，幾乎在我們的社會文化與家庭中，乃至學校都在傳達著「你若不是強者，你就無法生存，你就是恥辱」的恐懼。大多數的人，都曾經在小時候聽過大人說：你這麼笨、這麼不努力、這麼差勁，你以後只能做工人，或是當個要飯的，連養活自己都有問題。

雖然理智上，我們知道職業無貴賤，任何人的正當職業都有其辛苦付出與應當獲得的權利。但階層概念，仍然使得以菁英或優越感為主流價值的社會，將不認可的職業類別做為訓誡孩子的威嚇與羞辱。

而脆弱者更是容易在環境中受到欺壓、恥笑、羞辱、輕視，讓人恐懼自己的弱勢。好像一旦有弱處，這個人就給了別人機會糟蹋、羞辱與取笑的機會。

每個人「要強」的背景因素與脈絡是不同的，所被塑造的過程也是獨特的。但不論因素與過程如何，「要強」成為我們內在柔軟的那顆心的盔甲，一層層的防護我們的內心不受到傷害、打擊與失落，好鞏固我們想形塑出的自我形象，也避免接觸到我們不想承認的脆弱、不堪、卑微的自己。

那一年，我曾經一無所有

我的人生在前二十九年，可說也活得相當堅硬。對於從小便失去父母親照顧與關愛的我來說，生存必須仰賴許多環境中的親友協助與供應，才能順利存活。因此對我來說，強勢是必要的，控制情況也是必要的，這兩者都是因應變化多端、危機四伏的生存環境，所需的必要能力。

這種「強」與「控制」在不知不覺中，漸漸的演變為越來越「硬」；「硬」的個性，「硬」的觀念，「硬」的人際互動，「硬」的關係狀態。「硬」到失去彈性，也「硬」到與四周只要和我不同的人為敵。「硬」到不得不，「硬」到四處碰撞，「硬」到自己感覺到難受、不舒服卻一點兒都無法改變。總之，「硬」得動彈不得。

直到活到生命的第二十九年，那一年，我的人生變得一無所有，原本從小就失去父母親照顧的我，沒了伴侶（親密關係），沒了歸屬，沒了工作，沒了同事伙伴，沒了朋友，沒了夢想，沒了方向，沒了穩定住所，沒了經濟條件與能力……那些好不容易建構下來的一切生存條件，與外在形象，我都失去了。我真是走到四大皆空，萬物皆空的地步。而接下來，該怎麼辦？我一無所知。

這種被「失落」打趴在地上的狀況，過去也曾有，但從未這麼徹底過。我一度認為是老天（God）不讓我的生命繼續走下去，不然怎麼會如此讓我一無所有？甚

至連我的信仰，都徹底的被瓦解，因為我所信仰的並沒能讓我擁有更多，也沒有保佑我不必經歷苦難與失落。我不知道我究竟在信仰什麼。

我的人生燈塔熄滅了嗎？

非常長的一段日子，我沒有任何辦法重建我的生活。應徵的履歷表總是有去無回，書籍與文字的投稿總是一退再退，要談的工作計畫總是無疾而終。在嘗試新的接觸時，總要面對環境中許多的懷疑與拒絕，因為我沒有一個社會身分，沒有一個社會角色與社會形象來烘托我這個人的存在價值。

而過去的人際關係，幾乎沒人幫得上忙。大多數的人選擇離開我這個落難與一無所有的人，不然就是切割，好似跟我一點關係也沒有。慶幸的是，還有兩、三位朋友願意相信我是遇到了人生的艱困逆境，而不是因為我做人太糟、太差才遇到這樣的情況。但其實我也無法向她們吐露我痛苦不堪的心情，深陷其中的我，只有滿腹的怒氣與怨恨，每當遇到挫折與不如預期的情況，我便一面怪罪環境及他人，一面指責自己的不堪與卑微。沒有人能夠告訴我究竟「我」怎麼了？也沒有人能告訴我未來在哪裡，連半座人生燈塔我也沒瞧見，只見到一片黑暗籠罩。

這一切遭遇真是糟糕透頂，我甚至深信，老天（God）是藉此要滅了我。我也恨不得祂真的滅了我、收回我，因為這條性命，實在沒有任何讓人有所肯定與讚賞之處。

憂鬱、沮喪、徹底挫敗的我，癱軟到像一灘爛泥巴，害怕讓人嫌惡、讓人恥笑，我選擇了躲藏與逃避；盡量將自己藏起來，逃避會見到任何「向光面」的「成功」人士的機會。他人的光芒，必定更映照出我的狼狽、不堪與失敗。所以盡可能的能躲就躲，能藏就藏。

於是，我進入到一個絕對封鎖的空間，那個空間死氣沉沉，暗無天日，被厚重的黑暗覆蓋。彷彿只有我與一個死去的自己，我與這屍相伴，關在那個空間裡，只有腐臭的生命氣味與令人嫌棄的生命歷史同在。

為自己想成為的生命樣子而努力

在我人生如此痛苦、沮喪、絕望與大挫敗時，我曾幻想有一個「理想」的強大之人可以來愛我、撫慰我，不再像過去那些總是離棄我的大人一樣遺棄我，能完全照著我的意思來好好滿足我、照顧我。

但感謝生命的智慧之主，這一切並沒有照著我的渴望而實現。我個人的小我欲望始終沒有實現，我才明白了現實，也看清了真實。現實或許殘忍，真實或許不美也無情，但我明白了生命來此一遭的責任，是為自己想成為的生命樣子堅持與努力，而不是等著他人來供應與給予，更不是怪罪他人與環境為何辜負我、不能滿足我。

我因此明白：他人能給予，是一種幸福，他人不能給予，是一種限制；他人能夠理解，是一份感謝，他人不能理解，是一份事實。

當我承認這一切的現實與真實，不再以「他怎麼不能」、「他怎麼沒有」、「他怎麼可以」……來迴避現實與真實，我才能開始接受這一份失落，認回自己的力量，為自己生命的成長與成熟，好好努力，好好摸索。

也因為我認回自己的責任與力量，我也更多的明白了，愛的基礎是來自於我對生命的接納與疼惜。我不僅面對自己長期受生命經驗與生存環境的塑造與框架，在解構及自我分析的歷程中，漸漸明白我在「愛自己」的體認上過於缺乏與無知，也相當偏執與僵化。

要強，讓我離自己越來越遠

長期的環境塑造下，我以為「愛自己」是充滿條件的，夠優秀、完美、成績夠好、無可挑剔的表現、受人歡迎、得人喜愛、獲得與擁有不會褪去的關注及滿足、被人捧在手心中，獲得一份專屬特權……等等才足以讓我愛自己。那樣的愛，才能得的不心虛、不懼怕、不隨時擔心失去。

但偏偏真實經驗中，我時常經驗到失去、失敗與期待落空。並常聽到與見到他人

對我的評頭論足，不甚喜愛與滿意的眼光。更甚至，有尖酸刻薄的嘲諷話語和羞辱話語衝著我來。這樣的情況，要愛我自己，幾乎是難上加難，被傷害的脆弱感與痛苦感總讓我強要更強、硬要更硬，不認輸、不低頭、不喊苦，是我對自己維護尊嚴的最嚴厲要求。但也使我離愛自己，距離越來越遠。

愛的路上，我們都一樣

當我能夠回顧、翻開、檢視與用更大的角度來理解生命腳本的設定，並重新學習與經歷真實愛自己的歷程，我也還給他人自由和自在的空間，還給他人也是獨一無二個體的存在性，真實的與他人互動和相互瞭解。不再以過度美化的期待，來幻想他人的拯救與全然完美的對待和回應。

我認知到我是人，他人亦是人。在同樣文化的塑造與影響下，我和他人沒有什麼巨大的差異。我沒有經驗過的，他人亦沒有經驗過；我所缺乏的，他人亦是如此缺乏。在愛的課題上，集體的經驗，其實沒有什麼特別的不同。我所渴望他人給出的，其實也是他人所真正缺乏的。

這樣的一份理解與明白，不是又走回頭路，又無奈的只能靠自己，又耳提面命的要自己堅硬起來，別再跟他人表達需要的關愛與理解。那一份勸誡與命令，不再出現了，而是滋長出對人生命共同經驗的了然於心，多了一份心疼與慈悲。不再是忿忿不平的認為「為什麼別人都可以輕易擁有愛，我卻怎麼都得不到」。這一份幻想，徹底破除。

與自己和平相處

當我漸漸開了眼界、心界，真實的接觸生命（包括自己與他人），我也一點一滴的理解到每個生命的痛處與苦處。情節故事雖不盡相同，卻都有生命承擔傷痛與失落的辛酸及悲痛。

於是，我和他人之間，有了不同的理解力來聯繫彼此的個體經驗，在情感經驗的連結上，多了有別於以往的互動層次與深度接觸。我不再那麼容易受表面行為或事物影響，而自顧自的解讀與評價，甚至論斷他人與自己。在事情與人的對待上，我更重視人的生命經驗與獨特脈絡的體會。

這些開始讓我的世界不同起來。

我不拘泥於小我的滿足時，不過於放大自己的重要性時，我也能持平的看待自己與他人的需要，並試著對話、討論或協商出關係的互動方式與相處。

我開始經驗與自己的和平相處，也漸漸的遷移這些經驗到與他人的互動中，摸索與創造雙方都可以安心及自在的關係，而非是操控與索求的關係。

為何要怕別人不喜歡你？

如果你和我當初（前三十年的生命）一樣，對於自己的生命厭惡至極，自認可悲可惡與可恨，你可曾想過，何以你這麼輕易的就把「你值不值得被喜愛」的評論權交給別人？

何以，別人喜歡不喜歡你，能那麼具有操控性的帶你上天堂，又帶你下地獄？

何以，他人一句不認同你，一個眼神不友善，一個聲音很冷淡，你就彷彿被遺棄的孩子一般，感覺到無助與傷心？

何以，你好怕別人不喜歡你？何以你要拚了命的討別人開心與喜歡，你才會覺得在關係中安心？才會覺得自己好像有資格存在？

你也許從來沒發現，你在乎所有外在的人對你的感受，你希望外在的人都對你滿意，如此你才願意有一點相信你並無瑕疵。但其實，這份期許不會有真正成功的那天，因為內心深處，最無法真心喜歡你的那個人，就是你自己。所以不斷挑剔與檢視瑕疵的人，其實也是你。

因為你很難懂如何喜歡自己，很難真的欣賞自己，你在意著他人對你的喜歡，或不喜歡。你以為，只要獲取一個他人的喜歡與肯定，你就能稍微慰藉心中那苦苦得不到愛的自己。

真心喜歡自己的人，世界充滿色彩與希望

如果你細細體會人生，慢慢明白人生，你會發現，當你能真心的喜歡自己，你的世界便充滿色彩與希望；倘若無法喜歡自己，即使有一時片刻外在的喜歡與稱讚，那也是過眼雲煙般的虛幻與不實在，並且你總會懷疑著這喜歡的可信度，認為那不過是他人的場面話與有心機的違心之論。

你如何看待與評論著自己，就會被你不自覺中投射到外在世界，並且如此認定他人就是這樣看待你。

但是，你長期忽略與自己的關係，一直迴避你最不想承認與最無法接納的那個你，要能喜歡自己，乃至於愛自己，談何容易？

你一定想著，你何嘗會不願意愛自己？但愛自己，真的很難。當你感覺到被人肯定時，你也許有點喜歡自己的感覺；然而，只要有一點被否定、被批評、被數落、被拒絕、被冷落、被不以為然，你就厭惡這樣的自己，怎麼得不到他人的尊敬、肯定與喜愛？

愛不是乞討，不是施捨

如果你讀到這裡，是你很熟悉的感覺，也很熟悉的情境，那麼，這表示著你對於愛自己的能力並未發展出來或發展完全。對於你來說，愛的滿足，仍需「全部」仰賴於外界；就如孩子時期的我們，對於愛的體會與滿足，必須仰賴主要照顧者，與那些圍繞著我們的大人們。他們願意給予和不間斷供應，我們才能感受到自己是被喜愛的、被滿足的、被重視的、被疼惜的。如果不，我們便一直經驗著落空、孤單、恐懼、無助、寂寞，還有那些糾纏我們的空虛與卑微。彷彿在愛之前，我們必須要以乞討的姿態，才能得到一點施捨。

但是愛，不是如此。愛不是如此不穩定，也不是如此充滿條件。符合條件才要給予供應與施捨，那不是愛，而是支配或操控，讓人為了獲取需求，而不得不接受控制、支配或剝奪。

物質的給予很容易被取代

為了獲取個人所需要的供應與滿足，我們開始有了「交換行為」，給予他人所要的（他人會喜歡的，他人會滿意的），換得我所需要的愛、安全、滿足或任何的享受。

我們的早年生命都由此端開始，在經驗中，一點一滴的形塑著我們對於自己的概念，對於他人的認知，對於環境的知覺。

許多人可能會誤以為，只要給予一個孩子好的物質享受，並且盡力栽培，多上才藝與課程，或多給予贊助，盡量的維持健全完美的家庭模樣（外在形式），那麼孩子就會感受到愛，也應該知道父母長輩的照顧苦心，更懂得回饋與回報。

但其實物質生活的給予，是很容易被取代的，只要有人可以給出更炫的、更豐富的、更耀眼的，很容易就因為虛榮或是更大的欲望而轉移依附的對象。這樣的依附並非建築在「愛」的體會上，而是建築在「物質需求滿足」的索討上。

儲存愛的經驗值

當然，關係中，難以擺脫掉物質的分享與給予，特別是親子關係。因為有一個嗷嗷待哺的幼兒，所以父母必定得提供生命生存所需要的物質條件，包括食物供應、居住安全、休閒享樂、教育學習機會等等。但從嬰兒開始，到成長過程，能讓一個生命個體感受到愛的經驗，是來自照顧者（成人）具有同理心（可以理解、可以感受）的回映之情（母親能夠敏銳的反映出嬰兒的生理狀態與心理需求，並且以同步動作來和嬰兒連結。例如嬰兒笑，母親會以笑回映與連結；嬰兒不舒服，母親回映出嬰兒的不舒服情緒，必給予具理解的安撫）。

透過穩定、立即與可親性的照顧與回映，來讓孩童經驗到有一位成人可以理解，懂得他的需求與感受，並與他的生命狀態有連結。孩童會因此經驗到一種信任與安全的關係，知道這一份關係是穩定長存的，不是忽有忽無的，並且在關係中，他可以接受到愛的滋養、支持與接納，而讓心靈更具穩定力量。

他會在這一份信任與安全的愛的滋養關係中，經驗到自己的被愛，透過擁抱與許多口語與非口語訊息，體會到情感的回映與情感連結。換言之，他真實的知覺到自己是一個存在的個體，在與他人的關係上，是安穩和諧，並且受尊重與被無條件愛著（即使在行為上有規範或界限，但不影響對愛的體認）。

這樣的孩子，因為有愛的經驗值，就能在日後人生受挫與受傷時，提取愛的體驗來自我修復與自我重建。他能無條件的相信自己就是一個被愛著的生命，不會因他的人生失去了那些光環、角色、能力、成績、面貌、才藝、好表現、讚許，他也就一併的失去了愛的保證。

心的空洞需要連結

在經濟起飛的時代，許多家庭的雙親都正在積極打拚，爭取更多物質資源與生存保障，許多孩子沒得討價還價，從很小開始就需獨立生活、獨立因應許多生活情境的困難與挑戰，過著一種有如沒有父母的孤兒童年。

因此，就如同我前面自我敘說的成長故事，許多人的成長歷程，也不得不在必須「要強」（be strong）的磨練下，發展一套硬功夫，很能解決環境中的問題與困難。任何問題與困難，只要在控制中、支配中、應付下，環境中的人、事、物，便能獲得問題的解決與困難的解除。

但是，這必須是一切照著「我」個人的意識行動與配合，若能順利，則「我」才覺得滿意與有個人價值感；反之，若周圍的人、事、物無法照著「我」個人意識的偏好與認為發展，則「我」便充滿沮喪與挫折，並累積委屈與怨懟，認為自己都那麼付出與那麼努力給予，也盡力讓環境中的他人、他事都滿足和滿意了，為何他人還是沒有看見與回饋「我」生命的珍貴與重要，進而願意來疼惜我、呵護我、肯定我。

也就是說，在生存過程中不得不發展的「要強」性格，雖然可以克服環境挑戰與困難，並且扛起重責解決問題，但必須「要強」的生命，卻無法在內心最需要愛的脆弱之處，真實的獲得滿足與滋潤。

因為他的內心原本就對愛的知覺不充實，那需要以愛撫觸與建立信任、親密的人我關係的區域，始終還是一個大空洞、大破洞。

從經驗愛開始，終將成為愛

我們必須承認「要強」只能幫助我們克服生活現實的挑戰與生存關卡，但那不會為我們帶來生命的豐盛與內心的充實。我們都需要愛，然而，「夠硬」與「拚命要強」的人，往往是否定自己需要愛的事實，且不自覺中拒絕愛的體驗，也拒絕愛的靠近。

他在內心恐懼著再受傷的可能；若人生有愛，也必有傷痛的存在。許多早年受苦受痛未得著療癒的人，會為了避免再痛再傷的可能性，而把愛的體會與經驗也一併拒絕、一併屏除。他以為，沒有對愛的期待與需要，他也就不會再因任何人的漠視反應與讓人失望的對待方式，而再次受傷、受苦。

接下來，他會耳提面命的要自己更應靠自己、要更強、要更不需要任何人、要更不會感受到恐懼與脆弱。他尚無法自覺這仍是在受傷的狀態下，為人生所做出的無奈與強迫性選擇，對於受傷的恐懼，與對於期待被愛的落空，那份傷心感受使他無法自在自由的選擇，究竟人生真正想要體驗與想要擁有的經歷是什麼。

如果我們療傷了，便會如泰戈爾的詩：「在我的日子結束時，我將站在你的面前。你將看到我的疤痕，曉得我曾受過傷，也曾療癒了。」而這一份療癒的發生，會讓我們再度勇敢的經驗愛、感受愛、理解愛，最後成為愛。

我們會明白，人生，真正要體驗與明白的，是愛，別無其他。

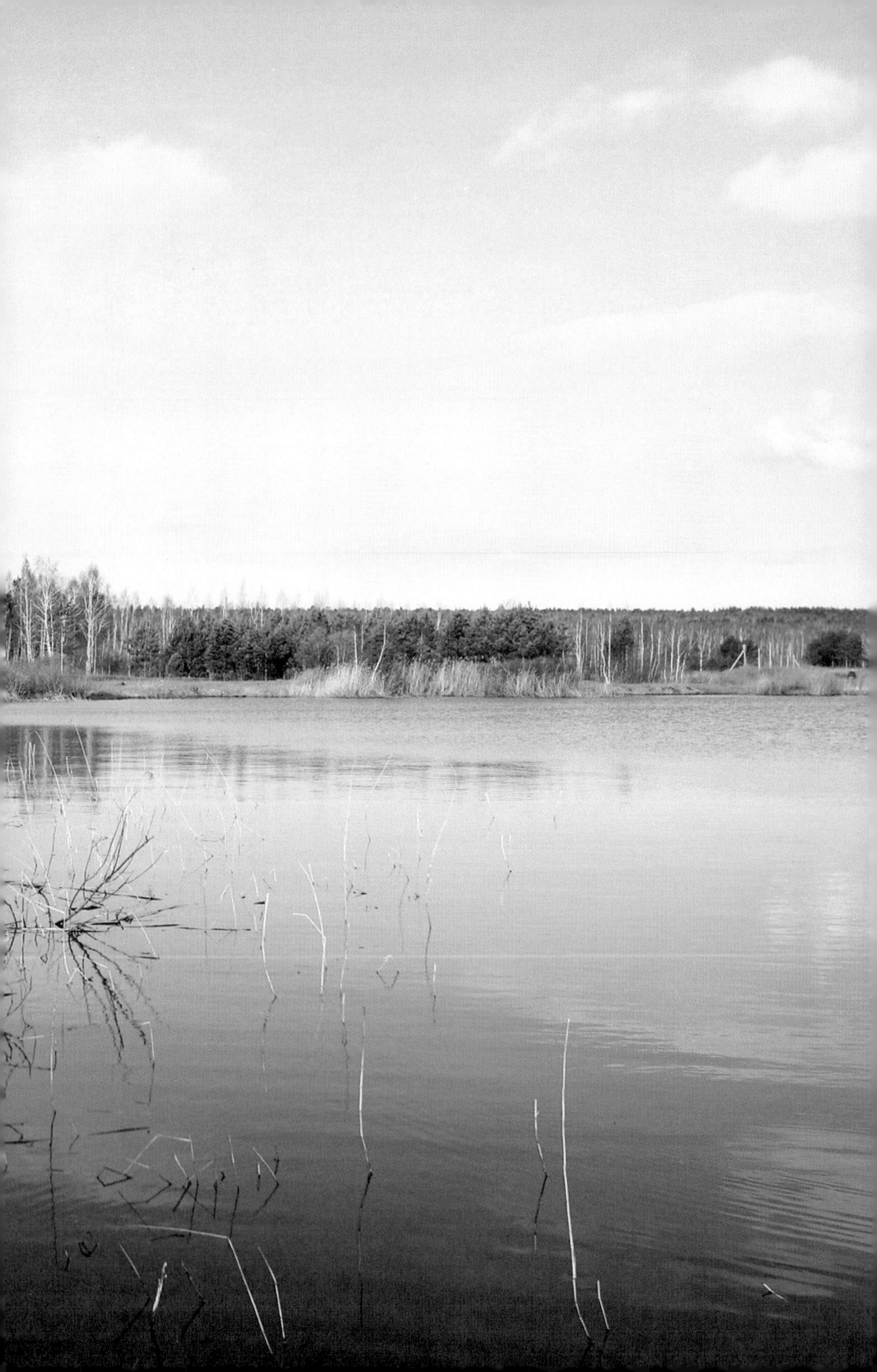

第二章

我們都失落了情感連結

——找回感受力，允許情感表達

支持與理解，從自己開始
——習慣壓抑的詠欣

詠欣生活在一個氣氛嚴肅與冷漠的家庭中。父親是高階公務人員，平常對待孩子的口氣與方式許多時候就是公事公辦。詠欣印象中，和父親的對話沒有幾次，不是因為母親說要向父親報告成績，就是母親和父親冷戰，要代替母親傳達一些「口諭」給父親，除此之外，和父親之間就沒有什麼話題了。

詠欣的母親是銀行的行員，前幾年提早退休了，說是職場環境讓人越來越累，不想要再沾染一些不必要的嘔氣。其實詠欣也不是很懂母親到底在單位中發生什麼事。在他們家庭中，每個人的生活經驗是很少表達與分享的。他們家總是安靜無聲。

詠欣想不起來究竟是自己個性本來就這麼安靜，還是後來被訓練或被管教成什麼想法都不表達，也不要去分享情緒。就是有一種莫名其妙就知道說了也沒用，多說搞不好又要被數落或說教的念頭。

不知不覺中，她好像真的也感覺不到什麼。從求學過程，到後來交男朋友了，她總是有一種說不出來的感覺，覺得很難表達自己，也很難讓別人懂自己。她其實很渴望和男友之間有更多的談心，更多情感靠近的感覺。但不知怎麼的，她越來越覺得男友和父母也好像，總是不怎麼想聽她說話，不是沒有正眼看她，不然就是一聽她說話，就開始講自己的意見與看法。

詠欣逐漸感受到內心的空洞與不開心。雖然表面上她的生活無風也無雨，沒有挫折也沒有什麼打擊，好像一切都擁有也算平順，但內心始終有股沉悶感受說不出

來，沉積在心頭上，也不知道向誰傾訴。她不清楚自己哪裡不對勁，但就是感覺不到快樂，也感受不到自己的存在感。有時候，她甚至想，其實身邊的人，有她存在或沒有她存在，或許一點差別也沒有。

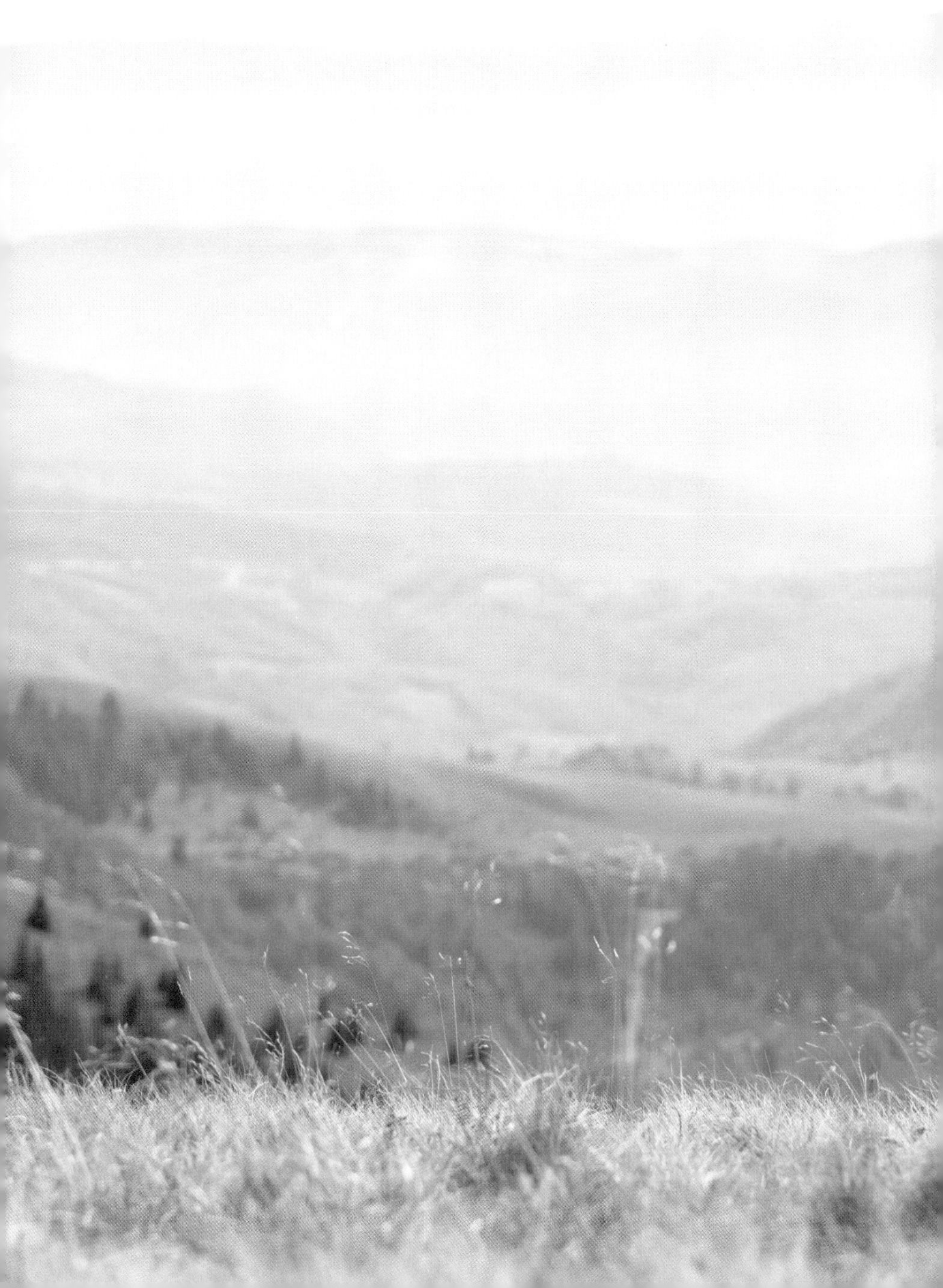

我們的情感阻塞了

我們其實是一個情感封閉的民族。也可說是情感阻塞。

這些情況，讓我們去大方表達情感，表達感謝、欣賞、肯定、喜歡與愛，都變得有些扭捏，有些人甚至說那是一種肉麻與做作。

為何我們會變得如此難以表達情感與連結情感？

那是因為我們自小擁有的情感太少，以致我們不願意再給出去。不願意到有些吝嗇的狀態。

即使曾經給過，但一旦發現回報並不對等，或是讓自己失望，不如預期，我們也會開始把能夠付出的能力，慢慢的限制，慢慢的收回，以避免再失望、再受傷。

重回自然開放的狀態

當我們非常小的時候，我們表達對大人的愛是如此自然而開放。「我最愛媽咪」、「我最愛爸爸」、「我想要跟媽媽永遠在一起」、「我好喜歡和爸爸在一起」……

但曾幾何時，我們對愛的表達變得退卻與尷尬，而情感的連結也變得斷裂與疏離。

在無數次情感想要連結卻失望與受傷的經驗中，比如想要父親或母親陪在身邊說些話再入睡；比如想要和父親或母親分享一天在學校的經驗與小故事；比如想要在挫折與疑惑時得到家人的一些肯定與鼓勵；比如想讓父母親知道自己努力的想實現某個願望。這些簡單的情感連結需求，單純的情感分享，在許多人的家庭經驗中都是缺乏與斷裂的。

家庭生活許多時候，成為事務的分工，與個人任務完成效率的監督者。當然，大環境越來越艱困，許多家庭忙著生計，而不用忙生計的人，也忙著因應外在事物的要求，包括孩子學校的功課要求、才藝要求，或是自己職場上的許多挑戰與轉變。力不從心，情感耗竭的情況，幾乎在許多人身上發生。

我們往往把情緒能量最飽滿的時刻應付在外在環境的要求與需求上。當我們個個返家時，呈現的是我們情感能量最低的狀態，最不想說話，最不想搭理人，最不想再聆聽任何事。

如果大人只顧自己的狀態，把照顧與教育責任拋諸腦後，並且不通達情感教育的重要性，許多人大人甚至會告訴孩子：「走開」、「吵什麼吵，再吵你試試看」、「你很聒噪與好動耶！就不能不講話嗎？」、「煩死人，真希望你不存在」。

受苦的小孩

二〇一三年十一月，在短短的一個月中，臺灣已經發生兩起這樣的新聞事件：大人在原本還在行駛中的車子上，突然停車，要求孩子出去車外，或動手將兩歲大

的孩子丟在馬路中央。

沒有在新聞事件中爆發的更多。我行走在臺北這大都會中，常常目睹在捷運上、道路旁、醫院內，大人情緒盛怒下，將孩子丟下，只見一個拚命在後面追跑，大喊爸爸或媽媽的大哭小孩。

我們可以理解這個社會與人際頻繁活動有太多讓人沮喪和挫折的情境。許多人在自己的生活中因應不完的打擊、傷害與各項要求，都可能讓內在情緒處於不穩定與耗竭的邊緣，再有一個難以忍受的失控狀況，往往就爆發出巨大的毀滅性情緒。

然而，往往最受苦也最受這些毀滅性情緒傷害的，是最弱勢與無助的孩子們。

試想，我們自己的當年，也許就是這樣的一個小孩。

因為心受傷了

在還不夠有能力清楚理解大人的世界時，在還不懂這社會是什麼，與不清楚這世界的真實樣貌時，我們就開始承受與遭遇那些我們不明就裡的情緒怪罪、責難和威嚇恐嚇。

在我們本以為是愛我們、疼惜我們的家庭環境中，我們遭遇到冷漠對待、惡言惡語的酸諷羞辱、強勢批判，猶如我們個體是十惡不赦、喪盡天良的大壞蛋與罪孽，笨蛋與垃圾，這些經驗會在我們的身心上留下什麼樣的痕跡與破壞，誰也無法清楚預料。

很多大人的童年正是如此度過的，渾然不覺自己心靈受傷與受損情況下，還是不斷的應付外在的要求與險惡處境。然而，在他們也開始育有下一代時，那些不良的照顧模式、不良的情緒傷害、封閉的情感阻斷，在在都反映在他們對待孩子的態度與方式上，無從避免，也無法鬆動。

大人們常說：「奇怪，現在的孩子很難搞，動不動就有情緒，動不動就說受傷，我以前也是這樣過的，根本沒有人理我、照顧我，我還不是這樣長大了，一點事也沒有。」

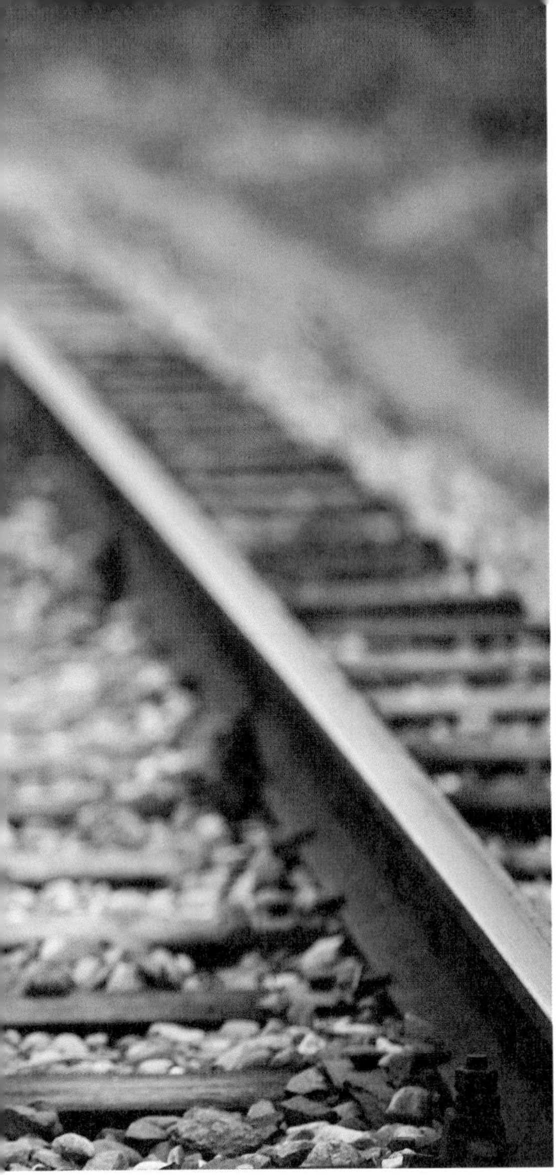

在那些過去時代背景下長大的大人，在成為新一代父母時，渾然不覺情感的連結與情感分享其實很難存在於他們的關係上。有的往往是大量的勸誡、規勸、指責、評價、論斷、威脅與負氣的阻隔（例如生悶氣）。

對於情感的感受力太少

在情感的關係上，我們很難給出，但吃、穿、用等物質，卻是經常贈予。因為那是上一代最為貧窮，也是資源最為有限的所在。要吃的、要穿的、要享受的、要漂亮的，自己賺，不然你什麼也得不到。

受過這苦的這一代，便立志大方的給予下一代無憂無慮的物質生活。套一句廣告詞：想要什麼，爸爸媽媽都買給你。這何嘗不是一種能力的展現，值得自我肯定的能力。

然而，心靈的情感連結能力和感受力仍是稀少，仍是不太存有。

情感的連結，人情的溫厚接觸，變得稀有。

也因為稀有，若給出去後是被糟蹋，被丟棄，被嫌棄與拒絕，豈不讓心很痛、很受傷？

於是，關於感受力，我們越來越難經驗。也始終對於他人的情感，與自己的情感抱持距離，保持隔離。

給不了別人的，也給不了自己

如果別人說：我感到好失望，好受傷……

我們不願意給予支持與情感理解，我們會說：有什麼好失望好受傷的？你人生太閒嗎？

如果別人說：我感到好困擾，好無助……

我們不願意給予支持與情感理解，我們會說：有什麼好怕的？耽溺情緒是一種墮落。

如果別人說：我好悲傷，好不捨……

我們不願意給予支持與情感理解，我們會說：有什麼好不捨？不捨，那個人也不會回來。哭更不能解決任何事情，有什麼好哭。

如果別人說：我好生氣，覺得不受到尊重……

我們不願意給予支持與情感理解，我們會說：有什麼好生氣？生氣做什麼，沒修養，要好好管理我們的情緒（其實是壓抑）。

我們沒有的，當然也給不出去。我們給不出去的，當然也給不了自己。

別怕打開你的心

我們是一個情感吝嗇的民族。害怕情感的表達，更怕情感表達後的失落與傷害。而最大的害怕是，將自己的心打開，好好的去與另一個生命連結，與另一個生命同感同知、同步同調，因為我們太害怕失去自己，害怕在關係中擔負了別人的生命，而遭遇被吞噬，被消除。我們也害怕被依賴，因為我們很少依賴他人，不敢真正的依賴人。「依賴」在我們生活世界中，都不該存在，不允許存在。

以致我們的反應，我們的表現，都是要他人盡快的「解決」他的情緒，而不是「經驗」他的情緒。情緒或是情感經驗，對於害怕與迴避情緒經驗的人來說（而這反應往往來自幼年時，情緒受到很大的傷害或驚嚇），說出情緒、表達情緒、經驗情緒都是沒有意義，沒有價值的事。

而這樣的情況下，人往往只停留在現實問題、生活需要，和盡力維持生活秩序。就像一個中學生對於生命茫然，面對課業壓力不僅有挫折，在人際交往方面可能也遭遇了沮喪與失落，當他想表達這一份讓他無法理解的情緒經驗時，他期待大人的理解、回映、接納與說明，並與之討論。但是活在現實問題、生活需要，和維持生活秩序的大人，可能隨意就丟一句：「你是浪費時間，沒什麼煩惱的事，硬要胡思亂想。讀書最重要，考試最重要，當一個學生除了這兩件事，你什麼都不應該花時間、花力氣。」

所以這孩子難以疏通的莫名感受經驗，就如此被不經意的否定，或是被視為一個沒有意義，浪費時間的表現。

於是，我們不難理解，何以大家的情緒總是壓抑，總是不能說、不能表現，卻在一個再也承受不住的情況下，走向一段崩潰或自我傷害、毀滅的歷程。

不是他不說、不談、不表達，而是在他曾經想談與試著說出來的過程中，他經歷了什麼樣的反應與對待。

被心牆禁錮的人

很多人在過往的生命歷程裡，被塑造成無法進行情感連結，也沒有能力回應情緒需求的人，但是卻因毫無知覺，而無法看見自己被塑造的這些理所當然的反應，其實是一種制約與不經篩選的內化。

這些堅硬的生存信念與生存機制，都是讓生命個體在受傷與受挫的遭遇後，成為防衛的心牆，堅定而失去彈性的對他的信念與他所認定的價值觀深信不疑，他口中會有很多「應該」：你應該要、做人應該是、本來就應該……也有許多的「必須」：人必須要堅強、人必須要趕快好起來、人必須要優秀、人必須要完美無任何軟弱……

在這樣無法情感連結的人身邊，其實是會有很深的痛苦與情感失落。在關係中，只會感受到被要求、被指責、被否定、被評價與被規勸，但在情感層面，卻好似與這個人總是遙遠疏離的，無法親近，也無法有更多的接觸。

在不斷的失望中循環

然而，他人在這段關係中的痛苦與情感連結失落，這個心牆堅硬的人卻絲毫不覺（覺察對這樣的人而言也是沒必要的），即使向他反應與表達，又會再遭遇一次被要求、被指責、被否定、被評價與被規勸。

這或許再一次的讓我們清楚知道，向一個沒有能力給予情感、關注的人索取情感回應，就像是對一個沒有一百萬的人要那一百萬。他沒有，又如何給得出來？一直不斷的要，他就會真的生出那樣他沒有的東西嗎？

那人內在本來就已缺乏與空洞，但往往在身邊的人，仍是不願意接受事實，希冀這個人給予那稀少的愛與情感，卻又不斷的歷經受挫與失望。

認清失落的事實，才能繼續

如果你正經驗這樣的遭遇，總是無法在身邊的人身上獲得情感的回應與連結，而深感失落與沮喪，或許我們還有另一條路可以走——

認清這個失落的事實，那個內心情感缺乏的人，無法給出你想要的情感連結與情感回應。然後，我們願意從自己開始，學習如何讓自己成為能與自己情感連結，與他人情感連結，並對自己能夠好好給予情感支持與回應的人。

這是我們承認失落、認清事實後的積極態度。

不是再繼續在負向循環中索討，不是再繼續空等待，而是讓自己帶著願意嘗試與學習的心，讓失落的情感，能被自己好好的接住，好好的理解，好好的梳理，好好的懂。

第三章

試著重新理解生命

——解構舊有腳本設定，重新編寫新的生命作業系統

喚醒自覺，學習重寫人生
——自我厭惡的彩娣

彩娣很不喜歡自己。她覺得自己有一個令人討厭的人生。她是家中第五個女生，從很小開始，她常常感覺自己是這個家多餘的。不只父親給她這個感覺，而是祖父母也一樣，她從來不覺得自己有被正眼好好看看，似乎她一出現，這個家就有一股莫名的沉悶氣氛。

四個姊姊們，除了四姊年紀與她較近，其他的人年紀都差了一截，也沒有什麼話可說，更沒有什麼小時候玩在一起的經驗。

但四姊長得漂亮，從小當她們站在一起時，總會被比較一番。她所聽到的評語彷彿父母身上有的優點都集中在四姊身上，然而自己身上卻好像都是父母不喜歡的。身材矮小，看起來沒氣勢，臉上五官不立體，功課表現差強人意，見人也不會嘴巴甜討人開心。總之，她從來沒有聽過什麼對她的稱讚與欣賞。

隨著漸漸長大，她越來越聽得懂大人們到底在說什麼。好幾次，當父母爭吵時，她不只一次聽見父親用無可奈何的語氣對母親說：「妳不要怪媽對妳口氣不好，妳看看妳自己，怎麼生都是女生，生到第五個還是女生，自己不爭氣生不出男孩，還常常擺臉色給媽看。」隨後，房間便會傳來母親近似歇斯底里的哭泣，埋怨嫁給父親什麼好生活都沒過到，只是像個生孩子的機器，生不出男孩難道是她一個人的錯嗎？

彩娣不知道到底是誰的錯，但她深深覺得是自己的錯，如果她性別對了，父母也許就會幸福快樂；如果她是男生，也許母親就可以在祖母面前比較抬得起頭來；

如果她是男生，也許她就不會看起來這麼不稱頭，什麼都比不上前面的姊姊們；如果她不要誕生，不要生在這個家庭，也許這一切壞事都不會發生。

一想到這裡，彩娣就感覺好委屈，好難過。她渴望有個愛她的家，愛她的父母，但她卻怎麼也感覺不到，好似自己只是這個家多出來的沒人想要的雜物。她甚至想，也許她消失在這個家庭中，也不會有人發現，或覺得哪裡不同。

到底老天怎麼回事？做了什麼錯誤的安排？為什麼要讓她生在一個沒有人期待她誕生的家庭？為什麼要她來到這世上承受這樣令人討厭的人生？

特別是逢年過節時，被冷落與被漠視的感覺如海嘯般襲來，她在家族中找不到自己的位置，總是自己縮到最不起眼的角落，無論在進行什麼，都不會有人注意到她。這些點點滴滴的經驗，讓她對自己的生命只有感到無奈，與糟到不知該從何說起的沮喪。

原生家庭的傷痕

我們可能都有一個讓自己討厭的原生家庭，或者可能有不喜歡的出生排行與生活遭遇。而最大的厭惡是，有一個被自己十分討厭的生命，除了受苦、受傷、掙扎、無意義，其餘的都感受不到。

在大量負面訊息環境中長大的人，身體及心靈時常必須承受無情與殘忍的對待，不論是肢體的、情緒的或是言語的傷害。在不安全，充滿威脅與攻擊的情境中，弱勢者、無能為力者，只能承受與忍受，性格與情緒被迫逐漸受影響：憤恨易怒、埋怨、陰鬱、煩躁不安、焦慮，或是無助與無力感。

這是在一種逼不得已的情況下，無處可逃可躲的情境下，不斷受傷害、受侵襲而累積的身心壓力及創傷，迫使人以一種惡意的眼光看待自己，也解讀自己的生命毫無值得尊重與喜愛的價值。

身陷其中，讓人被這負面傷害的情境覆蓋壓制，以致往往看不到這個環境與歷程對自我的影響與塑造。當然也更難在我們還是幼童的年紀，就能夠覺察自己是如何在這些傷害性的對待中，形成了對自己人生的設定與解讀。並且，會不自覺的不斷反覆驗證與搜尋這樣的線索。

痛苦是療癒的開端

正如我先前說的，我的人生走到二十九歲至三十一歲的時候，我遭遇了人生很難承受也難以被理解的跌落，摔得粉身碎骨，摔得面目全非。那時，我才好像有了一個機會回看將近三十年的生命，我是如何過活的？是在怎樣的環境中長大？又如何在這些歷程中，形成了我對自己與對他人的概念和設定？

生命將近三十年所累積的傷痛、憤恨、委屈、辛酸，全翻攪出來，攤了出來。我才看見，生命，在我的主觀中，幾乎是難看到極點，醜陋極了。而痛苦極其強烈與巨大的檢視過程，實在太痛，痛起來時，我也曾難以避免的想要了結自己的無謂生命。

我那時並不知道，那樣極大的痛苦不是為了殺害我，即使因生命長期以來歷經他人的背叛或傷害，標籤或否定，或者因全面的失去或挫敗，讓我痛苦得想死，但我回頭看，才瞭解那是療癒的開端。

心靈傷痛的轉變

生命若沒有遭遇衝擊而產生了裂痕，那麼我們幾乎沒有機會停頓，也沒有機會端詳清楚，自己生命內在究竟藏有多少未處理的傷痛，與積壓到發霉發臭的委屈與怨恨。

因為痛苦到像是要溺斃般的難以呼吸、喘氣，我奮力的想自救，雖然自救的過程仍常因遍尋不著我所認為的解救來到，而挫折、憤怒、失望、悲傷，但在那反覆與循環的歷程中，我也步步走進生命的更深處，毫無掩藏的看清楚自己。

當我真實看見（不是因為別人的觀點和看法分析）與領悟自己早年生命的形態及模式，所形成的生命信念與腳本設定，我相信是那時我的心靈傷痛才漸漸的真正

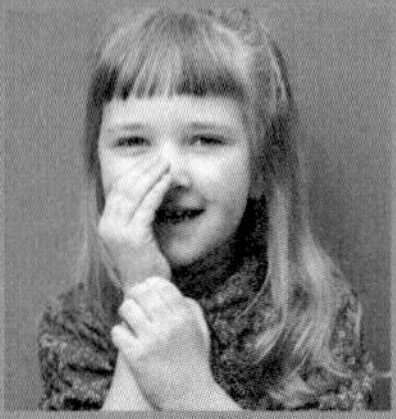

開始獲得轉變。

原來，在我生命有好多自動化的感受及想法，是來自家庭的經驗，與環境的制約和影響。只是我看不到，而將那些環境中他人的排拒態度與歧視眼光不加思索的就放進我心中，以致我也這樣對待自己、攻擊自己與挫傷自己。

終極的療癒

但那還不算是療癒。終極的療癒是要回到智慧生命源頭，知道自己來自宇宙生命的一部分，而非侷限在「父母」。終極的療癒，是即使屬世的家庭與父母並未讓你感受到愛與接納，你仍然可以回到智慧生命的源頭，與之連結，經驗神、經驗愛、經驗奧祕生命源頭而來的勇氣與力量，並以信心全面的再造一個新的自我。像是新生兒一般的重新誕生、重新養育、重新栽培。

我真正看見了前面三十年失誤的生命，有他人的灌輸與設定、有環境的影響與塑造，還有我自己的解讀與造成。這些種種塑造，設定了我的生命腳本，並以這樣的程式編寫著我的人生情境與情節。這些情境與情節，無疑的都是符合我早年生命腳本所建構下來的信念：我不值得被愛，我糟糕透頂，我生命的存在是一場災難，沒人會愛我，沒有人會為我停留與重視我，我只是孤苦無依得不到依靠的可憐蟲。

這些厭惡與拒絕自己生命存在的信念，內建在我的潛意識中，時時刻刻的讓我敏感於任何可以打擊我、傷害我、否定我的訊息，好符合我寫下的生命腳本程式。

或許是被種種打擊徹底「擊垮」了，我終於不得不「承認」我的脆弱，其實我真的一點兒都不強，也沒多行，我確實傷痕累累，無法再鬥、再戰、再不認輸。

終於，不需要再硬撐了

我真感謝我的「承認」。因為承認了，就不需要再強硬的撐在那裡、撐住面子，硬撐到表裡不一。雖然在一段時間裡，因為這些承認，而感到強烈失落與沮喪的痛苦。但感受到失落與沮喪的我，因為脆弱無力，反而不再拚了命攻擊自己、批

判自己。如此反而有些輕鬆了，不需拚命的克制與壓抑，而是有了一點點空間，嘗試面對自己深層的內在，將自己最不想看與最否認的自己打開，然後慢慢端詳，像是做了一場心靈的外科手術，切開自己的外表，好好的探究內在。

然後，才深刻的明白與體會自己受過的傷，反覆惡化的傷口究竟是什麼樣子。然後痛定思痛的，不願意再讓自己如此任由環境的對待，而反覆讓自己受苦受痛。

不再讓自己受痛、受苦

即使當時不知道下一步是什麼，但不願意讓自己再受痛受苦，是我對自己最堅定的承諾。如果沒有對自己這一份忠實的承諾，那麼反覆的在痛楚的循環中，與對傷痛的無能為力感，還是會讓我處於受害與無助的位置上，遲遲無法動彈。

也因為這一份忠實的承諾，我有了勇氣去包容自己的恐懼，更進一步的面對、承認與拆解。透過仔細的觀看、發現與覺知，我一點一滴的發現過去的自己，也重新創塑後來新的自己。我深深的明白自己的想望；我要為自己創造一個我真正愛與認同的自己，而不是為了因應生存，為了討人喜歡，為了讓人看得起，而把自己弄得四不像、弄得扭曲變形。

那些殘害我生命的部分，我也一點一滴軟化、滋養與重塑，經驗重新創造的歷程。

看見最真實的自己

我看見自己過去的自卑與高傲；恐懼自己不好會被嫌棄，同時又高傲的不接受被我認為是傷害的外在世界來靠近我。我不僅怪他人的傷害，也怪自己的無能與不夠好。

我也看見我長久以來的自我中心，只以自己感覺為重。「要懂得體諒」不過是因被環境要求，反而因此更加深我的埋怨。長久以來，我時時與處處防衛自己，而不是真實和別人接觸，又在人際碰撞中怪罪他人為何要傷害我，而不懂何謂真正的保護自己，負起支持自己的責任。

我像個小孩在面對與應付恐怖的世界，而非是真正的長大。那個小孩從我小時候到長大成年了，其實都沒改變，我仍持續的抗拒真實的世界，以我強大的倔強，與被激發的生存反應在面對這個世界，而不是真實的認識世界、接觸世界。當然也不是真正的學習如何與這世界相處及互動。

還有，長久以來的靠自己長大，雖然養成不認輸的生存韌性，卻也造成凡事只相信自己的感覺，不擅用理智搜尋真實訊息，也不懂評估，更不願以多元角度觀察及多面向理解，只要我認為的就一定是事實。所以長期用自己的方法應對，不是真正發展好與合理的因應策略，也不是真實與環境接觸、因應與協調，只是用蠻勁蠻力，及失去彈性度的拗個性。

我也看見自己很不愛自己，厭惡到想毀掉自己。同時又自憐沒人來愛這可憐的我，心中總是說著：我真是太不幸，太可憐。我不知道我把愛自己的責任推給別人，像是孩子般只能無助、無能為力的等待大人來愛我，或是拒絕我、不要我。我卑微的在等待「恩寵」，若有人讓我覺得受寵，我便想完全給出我自己，並渴望依賴與保護，來確保這一份「恩寵」永遠長存。這就像是幼年的我一直等待強大與理想版本的父親，可以出現保護我一般的期待著。

但是，若期待失落，內心受傷，我的傲氣就猛烈跳腳，停不住的認為對方該給我交代。我難以接受與忍受失去及落空，難以承認失望，這些等於要把我的幻想打破，讓我不得不承認這個現實與殘酷的世界。

讓自己重新再來

當我真實看見自己，承認我有這麼多不健康思維、不健康感覺、不健康互動方式、不健康的自我意識與自我概念，我深深知道，我需要新的學習與改變，我要讓自己重新再來。

於是，我大量閱讀書籍。因為沒有新的知識，沒有新的理解，我就只能不斷的使用舊的思維解釋一切，也產生相同結果。

我開始大量的參加課程，只要能夠讓我更多的認識自己，更多的接觸自己，並且學習新的互動模式，我就讓自己學習、參與並試著練習，試著突破。

我也開始大量的書寫與繪畫，讓自己將舊的情緒、有負擔的情緒透過書寫與繪畫有個面對，有個呈現，有個回顧及反思。並且在反覆書寫中，讓自己學習剖析自己，讓自己學習面對最害怕的陰影與痛。

我開始學習和人分享、和人對話，請教他人，瞭解他人的觀點與經驗，因為我知道，要真實的認識世界，就是要練習認識人。

我在許多的情緒經驗中，練習梳理情緒，而不是被情緒壓制，與被情緒操控。同時學習和情緒對話與接觸，和情緒化敵為友，相信「情緒」是我的合作伙伴，而不是反叛軍，或是討厭蟲、麻煩鬼。

修改生命的腳本

在重新理解與面對自己的生命時，如果沒有不同思維理解，也沒有不同處理方式，那麼又怎麼可能會有不同結果呢？

回看我們的人生，不就是都在同一套思維與因應方式後，獲得同樣結果嗎？

既然思維方法都沒變，我們何以還是執著的期待結果會改變呢？

如果我們反覆運作的那套思維與方法都還是沒有讓結果改變，我們卻仍然持續的這樣應對，這樣運作，這又是為了什麼呢？

往往那些不良結果之所以反覆發生，就是為了驗證我們設定好的生命腳本，關於那些：自己不夠好、不值得被愛、不重要、不該存在、不能成功，不配真的得到滿足滿意的人生。

覺察，是重要的關鍵

在表面上，我們當然會想推翻那些陳年的生命設定，這些設定一點都不好，讓我們的人生反覆的受苦與受傷，為什麼我們還要保留，不加以更動，持續的被這些設定操控與左右呢？

關鍵在於有沒有「覺察」。

如果我們沒有以更高、更廣的角度來看自己的生命處境，還有生存生態，我們根本無從發覺自己是被制約與操控的。就像一隻印度象從小開始，腿部就被綁著一條繩索，讓牠無法自由行動，一開始也許印度象還會想掙扎，但一試再試，卻發現怎麼都不會改變，發現無論如何這條繩索就是限制著牠。慢慢的，牠就會相信那條繩索是牠生命裡的一部分。牠無法自由行動，牠將那條繩索，視為生命常態的一部分。牠慢慢接受這是理所當然，也會放棄再去改變什麼，甚至深信不疑牠的生命活動空間僅有那條繩索可到達之處。在那界線之外，牠哪兒也去不了。經過長年累月的灌輸訊息、制約，當某一日，將那印度象的繩索撤掉，那印度象也不會奔跑，趕緊追尋牠的自由。因為牠相信的是牠哪兒也去不了，牠腿上還綁著那條無形的繩索呢！即使在牠眼前明明有廣闊的綠草原，牠也無法跨越那無形的限制，真正的奔向那可以讓牠舒服自由，體會不同生命感受的機會。

我們很多生命，不就像這隻大象一樣，長年累月下，根深柢固對自己的生命處境既定的概念，及對自我既定的看法，總是很難更動，很難相信可以不同，很難接受生命還有很大可能性。即使那本來綁住你手腳的繩索甚至鐵鍊已經不存在，但是你告訴自己，你的生命無法有不同，你也無力讓一切再有什麼轉變，於是在本來的生命設定中，繼續度過每一個不滿意的日子，並讓生命持續耗損。

生命的遺憾就在此。不願相信自己，也不信任生命所蘊含的生命力、內在智慧，還有神奇的療癒力。為自己不喜歡的人生、不喜歡的自己重新編寫程式，提升生命作業系統，我們才有可能以新的思維、新的處理過程、新的方法來重新經營人生，塑造自己。過往我們被設定的程式，也許根本不適合我們用來面對人生，面對人際，或面對自己，但人們卻依賴著過去僅有的已知，不停的複製未知成已知，如此也僵化了生命，侷限了人生。

給自己一個被理解的機會

當然，我們重新理解生命的脈絡與成長歷史，是為了還給自己一個合理的生命空間，重新理解自己的成長土壤與生態環境究竟是什麼樣子的，讓一切的歷程可以被重新看見，也藉此明白自己的許多自動化反應、思維模式、適應環境的方式與情緒反應模式。

還給自己一個重新看見、覺察與發現的歷程，才有可能更多的認識與瞭解自己。但絕對不是合理化自己過去所有一切的發生，自己只是受害者與受罪者，然後以批判的姿態控訴他人的惡待與辜負，並且想歸咎自己人生的不如意與不滿意皆因為他人所害、所導致。

這樣合理化自己的無能與自己一點兒都沒有選擇的責任，是繼續推拒自己的生命力量，只會負向循環的將自己放置在「受害者」的位置，而不是合理的重新理解自己，一一還給過去自己一個說話的機會，一個被理解的機會，一個被瞭解遭遇的機會。

若只是反覆的怪罪、埋怨與控訴他人，往往容易形成負向自傳報導（對自己的生命經歷只有負向的解讀與詮釋），在反覆複誦中，拒絕看見與體認自己的生命韌性、辛苦承擔的耐力、承受傷痛的力量。遠離了自己的主體性，而把關注力持續放在：環境的糟蹋、破壞與傷害。以致無法對自己產生慈悲與疼惜，也無法進一步的擁抱自己，也就更難支持自己從破碎自我走向完整自我的歷程。

療癒之路就在眼前

我們確實無法勉強人在人生的路程中，要將關注焦點放在環境的傷害、迫害或破壞；還是要將關注焦點放回自己的身上，自己的內在，理解與重新學習擁抱自己，善待自己。因為這是每個人需要為自己生命的走向負責，也只有他個體可以決定他的關注焦點。他人既無法勉強，也不可操控。

但是，如果一個人已經自覺要走向自我療癒的方向，為自己內在心靈的傷痛與缺乏負起責任，不再幻想有人會為他負責，有人可以成為他終生的依賴，有人可以讓他的生命得回他應該得到的……

當人願意停止這些幻想，願意真實的看見與體認自己的存在，願意將自己視為此生最重要的一個對象，願意修復與自己的關係，也願意為自己的生命能否真實合一的愛護自己，感受真實的滿足與平靜負起最大責任，那麼，療癒道路的開啟，就必在眼前。

而開始走向療癒的人，是再也回不去從前的。他即將誕生出新而有覺醒的自我；一個真實而充滿力量、勇氣、信心、接納力、包容力、慈悲，與經驗到愛的自己。

第四章

把曾經丟掉的自己認回來

——修復破碎自我

跟內在的小孩彼此守護

——渴望被愛的依萍

依萍的父母在她幼年時即已離異，母親不知去向，離開了她和父親。父親由於擔任出海船員的工作，無法將依萍帶在身邊。因此，依萍的童年是由不同的親戚照顧。在上小學前，是在爺爺奶奶家，上國小後，則到了叔叔家，方便叔叔一家照顧她生活與學校作息。

依萍在有記憶開始，就沒有母親這個人物的存在，情感依戀的對象是父親。雖然在年幼無知時，照顧她的是爺爺奶奶，但爺爺奶奶是幫人照顧田裡作物的，也鮮少在家陪她，較多時候，她都被鎖在屋子裡，一個人望著空蕩蕩的房子發呆，或恐懼，或無助，或哭睡。

無論她感受到什麼，或遭遇到什麼，屋子裡沒有其他大人，不會有人出現回應她，或是抱抱她、安撫她。當她等了好久後，終於有了大人出現，忍不住的想要大人擁抱，但是等來的都不是擁抱或是關注，而是一連串大小聲的言語，像是：「有夠壞，壞囝仔，攏嘸乖」、「壞飼」、「吵啥」。

她感覺到好失望與驚訝，不明白自己真是一個壞孩子嗎？這樣真的是不乖的行為嗎？為什麼大人們要這麼討厭她？

漸漸的，依萍不再敢表達什麼，她怕需要別人是會換來一連串斥責與辱罵的。她不想要感受大人無緣由的怒氣，好像如果她真的不乖或太惹麻煩，隨時就會被丟掉，被趕走。

到了小學，生活在叔叔家的依萍，更要戰戰兢兢。嬸嬸雖然對她說會像媽媽一樣照顧她，但是當她遇到困難或問題時，只要問嬸嬸，嬸嬸總是流露出一種「妳怎麼那麼有問題？怎麼那麼麻煩？」的口氣與表情，就讓依萍感受到一種自己很糟糕與差勁的感覺。每當這樣的情境發生，依萍便會對自己耳提面命：「妳這樣會被討厭，別人會不喜歡妳，不可以這麼麻煩。」但是在內心深處卻不斷累積一種悲傷與辛酸感覺：「這世界上不會有人愛我。即使他們說會照顧我，也是因為不得不，若不是我沒有父母，沒有自己的家，我也不需要依靠他們。」

在矛盾又理不清楚究竟是什麼的感受中，依萍開始懂得掩飾自己，盡量讓自己在人前表現出別人要的樣子：懂事、聽話、勤快、順應、不計較。在人後，只有她自己知道，她其實很多不開心、不快樂，有很多混亂的念頭，內心常想咒罵這個世界、咒罵別人。

國中時，不知道什麼原因，爸爸回來了，接依萍到身邊一起生活。依萍原來以為這是一切不安與不穩定生活的結束，她終於有自己的家了。即使這個家沒有媽媽這個人在，但只要和爸爸生活在一起，相信一切都會不同。

但是，情況不是這樣的。從第一天住進和爸爸要一起生活的那個房子開始，她就覺得對爸爸有一種懼怕感與陌生感。她不太敢和爸爸說話，也不希望他靠近自己身邊。無形的隔閡，總是使她和爸爸有一種很疏遠的距離。

漸漸的，依萍發現爸爸和她想像的爸爸很不同，爸爸常常沒有理由的大發脾氣，常常晚上都獨自喝酒，誇張的是，連白天爸爸也都在喝酒。爸爸渾身總有散不掉的酒氣，不管依萍學校有什麼需要家長注意的事情，或是要繳交任何費用，甚至每天的聯絡簿，依萍的爸爸都沒有辦法回應或處理。而依萍只能在學校一直承受老師的奚落與指責，老師的態度總是要讓班上同學知道依萍是全班的害群之馬，是個有問題的學生，總是費用晚交、資料晚繳、該做到的規定做不到。

依萍也很難開口告訴老師究竟她家裡發生什麼事，只能沉默的一直受指責與懲罰。到學校只是一種不得不，有時也還好可以到學校，逃避在家醉醺醺的爸爸。

在依萍長大的過程，她不知道到底有誰是真正關心她的人。她只感受到，很多人嘴巴說一套，做出來的卻是另外一套。就像嬸嬸說會待她像自己的小孩，但她感受到的卻是她就是一個外人、一個麻煩；就像爸爸說要接她一起生活照顧她，但她感受到的卻是爸爸不能負責任，醉醺醺的，根本無法依靠與信任；就像有一些朋友說會一直在她身邊當她的好朋友，但是他們卻常常因為一些小事不高興，就再也不理她了。

她弄不懂這個世界。她覺得這個世界好複雜，沒有什麼是真的，一切都只是一種表面的虛偽。而她也覺得自己很虛偽，因為她也搞不懂真正的自己是什麼？她也不知道外表的她所言所行有多少是出於真心？有多少是因為不得不？有多少是出於恐懼被排斥與拋棄？有多少是來自害怕被傷害被攻擊的偽裝堅強？

還在等，還在盼望，還在想念……

在你內心深處住著一個孩子，還在等某一個人回來，還在等某一個人的擁抱，還在等某一個人告訴他，很愛他，並且永遠不會離開他。

在你內心住的那一個孩子，還在等某一個人的一句肯定，肯定他的生命價值；還在等某一個人的在乎，在乎他的感覺與感受；還在等某一個人的寵愛，寵愛他以無所要求、無所厭倦的方式。

在你內心住的那個孩子，還在等某一個人來到他身邊，給他渴望的愛與呵護；還在等某一個人的保證：他是安全的，他是自由的，他會永遠得到理解的回應。

而那內在小孩，就是孩童時的你、具有感受力情感的你；你還在等，還在盼望，還在想念……那個曾經出現的某一個人可以回到你身邊。

永遠、永遠在一起

如果，你看見了住在你內心的這個孩子，請和他說說話，告訴他：

「我知道你好渴望，好想念，我知道你等了好久，不想放棄。我也知道，那美好的感覺，你說什麼都不想忘記。那還沒回來你身邊的人，我不知道他什麼時候會再回來？也不知道他為何能說離開就離開？可是我知道，深深知道——你的孤單與寂寞、傷心與想念。也知道哭不出聲的眼淚，其實是最疼痛的。

所以讓我抱著你，也讓我牽著你的手。雖然我不能取代他，他是如此獨一無二，但我願意在此刻與你同在，讓你知道，我一直未離開，也會永遠、永遠和你在一起。」

我會愛你，直到我們生命終了那一刻

但也許你的內在那個過往記憶中孩童時期的你，無法接收進這些話語。因為他受傷得非常重，也在反覆不斷的拒絕、忽略、否定、批評的經驗中，一次次的摧毀對愛的期待、對愛的渴望、對愛的單純相信。所以他無法相信，也不願再承受任何傷害。所以他拒絕聆聽，拒絕接收，拒絕再承受可能的欺騙。

請你再這樣試試對你的內在小孩說：

「我知道在這世上沒有人會一直在你身邊，也知道人們會離開你，你會失去他們。我知道你會好難過，好不捨，也會好無助。好像被遺棄的被丟在路旁，不論發生什麼事，好像都沒有人瞭解與關心。但是，你可以相信我，我不會離開你，不會丟下你，不會讓你一個人哭泣卻不理會你。請讓我擁抱你，讓我疼惜你。你是我，我是你，我們連結在一起，我會保護你，不再讓你孤單與恐懼。我會愛你，直到我們生命終了那一刻。這是我的承諾與保證，我願意成為一個懂你也知道你需要什麼樣照顧的人。」

這些話語讓你的身體內、心裡面，感受到什麼？你的頭腦會聯想到什麼？會跑出什麼疑問？

痛苦越大，委屈也越大

當我們內在有許多在過去歲月中，因為被批評與不被肯定、不被善待而必須被切割與排斥的自己時（例如：被嫌棄醜、被批評笨、被拒絕擁抱、被取笑沒用、被恐嚇不聽話），那些遭受冤屈而被判該死、該消滅的自己，成為一個個的冤魂，不曾獲得冤情的理解，也不曾得到該有的正義公道與平反，彷彿就是該如此被惡待、被攻擊。

然而，那些冤魂，外在的人看不到，卻會在一個人的心靈裡不斷出現，吶喊著冤屈，哭訴著辛酸與痛苦。即使因為個體不得不長大，生活必須不斷的往前走，但不表示這些冤魂就會自然的消逝，遠離個體生命。

事實上，那些被錯誤對待的自己，被迫被定罪而受切割的自己，是不可能離開個體的，因為那些也都是個體的一部分；即使是過去的，也都是屬於完整生命的一部分。生命旅程的終點是要人最終可以活得完整而成熟，活得真實而不受任何勢力壓迫、威脅與挾制。所以，那些沒有被生命看見、重新理解、接納、釋懷、致歉與原諒的自己，會無法預料的突然出現，引起你注意。

但是，遺憾的是，有很長的歲月，我們內化了許多迴避與否定的方法，認同了過去那些傷害、威脅、攻擊與壓迫我們的人，我們也以極大的批評與否定，來攻擊那些在我們心靈仍沒有放棄要療癒、要重審、要活出真實完整自己的冤魂們。

越大的痛苦感存在，往往代表著越大的冤屈在其中，也代表需要越大的療癒與釋放。

那個內在受傷的小孩一直都在

但是，痛苦感往往勾起我們幼年承受痛苦時的無助、孤立與恐懼，那時，大人們可能就是我們的痛苦感來源之一，或者大人們疏於情感連結，與無法供應具有情感調節的引導與陪伴，都會使我們因為缺乏情感關照的經驗值，而必須採取粗魯、粗暴的切割痛苦、隔離痛苦、迴避痛苦的方法。或使用許多無意義，對個體生命無益處的消遣娛樂，來迴避內在真實的情緒感受。以致生命的成長歷程，我們的生命領受並非越活越完整與豐厚，而是越活越淺薄與表面。

那些不斷出現的冤魂們，或說是內心過去受過傷的小孩，就是指過去童年經歷過傷痛或是受創的小孩我。雖然外表是身軀長大了，但內心小孩我的情緒經驗卻停留在那些失落受挫的時空中，無法獲得已長大的自己的理解與接觸，反而凍結在那些時空的情境中，仍在承受著難以平復的恐懼、挫折、痛苦、哀傷、憤怒、無助等等受傷、受驚嚇的情緒。

傷痛，讓我們拒絕自己

很多時候，我們都以過去那些批評與指責、羞辱我們的大人（親人、師長）的眼光與態度（包括口語和肢體）對待自己、評價自己。當我們在童年時期，經驗過許多的無助、恐懼、羞愧、挫折、傷心，這些情緒感受通常發生在我們的生活遇到衝擊、挑戰、波瀾、困難與未知時。事實上，我們需要的是被告知、被引導、被說明、被澄清、被保證、被照顧、被保護、被善待、被尊重、被理解。但往往環境並不能提供這樣的回應與協助，反而讓我們認為是自己：很不好、很不乖、很壞、很糟糕、很沒用、很丟臉、很差勁、很笨、很愚蠢。

當這些充滿挑剔、羞辱、責備、否定的評價揮之不去，佔據生命空間時，你在無意識中，便開始拒絕及排斥自己；拒絕與排斥自己的脆弱，拒絕與排斥自己的失敗，拒絕與排斥自己會憤怒，拒絕與排斥自己有渴望，拒絕與排斥自己想依賴，拒絕與排斥自己有需求，拒絕與排斥自己會無能為力，拒絕與排斥自己會害怕、會無助。

你不斷的拒絕自己，拒絕又拒絕，最終，你拒絕自己是自己，所以你厭惡自己，也受夠自己，更是想盡辦法想擺脫自己。於是，你離愛自己的方向越來越遠，也離整合真實自我、活出真實生命力量的道路越來越岔開了。

是停止否定自己的時候了

在拒絕的反應與模式中，首先你需要靜下心，好好的覺察，在你的人生早年中，誰是最常讓你感受到拒絕的？誰是最常有條件對待你的？誰是你表現好才說會愛你，你表現不好就對你嚴苛以對、威脅嘲諷的？誰會是你充滿恐懼與不確定關係狀態的人？誰會是你必須要小心翼翼唯恐他的不悅與情緒波及的人？誰曾在你不知道為什麼也沒有準備好就把你拋棄與丟下？

如果你發現了也覺察到這個人（這些人），那麼你要看看自己，是否也已一樣不加思索的內化了這個人的方式，繼續這樣對待自己、拒絕自己、嘲諷自己、拋棄自己。

你必須能夠終止那些內化，停止再複製一樣的方式對待自己。停止有條件的對待自己，還有不停的拒絕與嘲諷、羞辱與否定。

回溯生命的記憶之河

如果真要接觸內在小孩，就需要打開生命記憶，從童年回溯，回看童年時空中那個自己的經驗，並試著再次完整體會與看見當初那個自己的感受和經驗。

你可以試著將心靜下來，以幾個深呼吸讓自己緩緩靜下心。然後，試著搜尋與感受記憶中，自己童年時的模樣。回想童年時期，哪一些時刻的你，經歷過恐懼、不快樂、憤怒、難過、挫折、委屈、無助？請你將那些記憶中的你細細慢慢的看一遍，包括那個記憶中的你的表情、姿勢、裝扮、情緒與所反應出的行為。

當你細細慢慢的觀看，再一次接觸記憶中的童年自己，此時此刻的你是欣然面對的，還是抗拒厭煩的？是心疼辛酸的，還是冷漠排斥的？

有沒有哪一幕是你想撇頭轉開的？有沒有哪一幕是你覺得可笑或可憐，不想直視的？有沒有哪一幕是你想否認的？哪一幕是你希望沒有發生的？

在這些感受與反應裡，都有著你想拋棄的自己。那些是好幾個生命的畫面中被嫌棄、被拒絕、被忽略、被丟下的你。而這些你，讓你經驗到心碎、哀傷、痛苦、自責、罪惡感、羞愧、恐懼、憂愁，所以，你也好痛惡這些「自己」的存在，想要把這些自己割除、消滅。

心靈冤魂的真面目

這就是心靈「冤魂」的出現與存在歷史。而且這些「冤魂」總像是在背後追趕你一樣，讓你拚命想逃，拚命努力擺脫。曾經，你以為杜絕這些冤魂纏身的最佳方法，就是用更強大的光芒（光彩與成就）來阻隔這些存活在黑暗中的勢力。只要

能夠更強大更有光芒，就能狠狠的擺脫不喜歡，又自卑難堪的那些自己，也能讓別人看見你的無可挑剔，幾近完美。你以為完美的你，便不會再承受被人不滿意與被指責和批評的困窘，這樣就能確保你會永遠被喜歡、被愛、被滿意。

這一切的努力，無非是要確保自己生存上的安全無虞，也想要證明「愛」不會消失，「愛」不會離去。

但你知道冤魂的存在，就是因為那些沒有人聆聽的委屈與不甘心，還有滿腔的傷心與痛苦。冤魂的心靈傷痛無法獲得理解、無法平復內心的冤與怨，以致無法轉化，成為寧靜平安的靈魂。

接受過去成為自己的一部分

如果沉冤可以重新被開啟調查，可以重新獲得線索與證據，也許當年的冤屈就可能有不同的角度被得知、被瞭解、被還給一個公道，及另一種可能性的轉化。

如果你沒有試著和你過往的心靈冤魂有一個新的關係，一個友善的關係；你還是迴避與厭惡，還是想要以極端消滅來對待他們，那麼冤魂的冤與怨無論多少歲月，也總是無法平息、安息，也無法真正的去他們該去的地方。

而所謂真正該去的地方，就是成為你生命真實的「往事」，成為你生命故事的一部分，而非為了洗刷冤與怨，而要不斷在你生命中出現，為的是喚得你的注意、喚得你的關注。

如果你和心靈冤魂們無法和解，也就無法撫慰過去那些時空中被傷害，承受痛苦與被殘暴對待的自己。他們只好繼續以你認為是糾纏的方式，讓你疲於往前跑，卻不敢轉身面對他們。

回望過往的生命碎片

如果你願意重新啟動調查，你要知道，重新啟動調查必須要願意以空白無知的態度來全盤瞭解，若早有預設觀點，早有先入為主的判斷，重新啟動調查便無法有新的事證，也無法獲得新的線索，更無法有新的可能性脈絡及結論。

這就是最難的地方。因為我們的大腦，不知已刻劃過幾千萬回關於那些經驗中，我們既定也偏頗，失去全面性瞭解的看法與判斷。那是無論有什麼存疑、不合理的提示訊息出現，我們都會立刻否定，或是完全忽略、跳過的。

例如：當幼年時我們被視為一個麻煩與垃圾，被周圍的大人不當對待時，我們被灌輸是因為我們太壞、太欠管教，我們才要被無情傷害。我們就這樣帶著沒有保護自己的能力，也無權拒絕被傷害的「不合理信念」長大，並且在往後，即使不斷的被錯待，不斷遭受環境的剝奪與侵犯，我們仍會不合理的認為都是我們個體自己的不好與壞，才造成這些事件發生在我們身上。

即使有人提醒說：「不是的，沒人有權利侵犯與剝奪另一個生命的自主權和生存權。」或是有人提出：「這不合理，你根本是在被控制與利用。」你仍然可能會無法覺知自己的感受，也可能會繼續合理化那些人對你所造成的傷害。

所以要真實看見自己並不容易。如果在成長歷程，你已經有太長的生命時間都是被灌輸與被制約要拋棄自己、否認自己、拒絕自己、忽略自己、反對自己，那麼所謂的自己，對你而言，早已是破碎不堪，無形體也無輪廓，不成形的。

每個人，這一生就只能做好自己

但是，其實每一個人，這一生就只能做好自己。

只能說出在自己這個角度所看見的世界面貌，所經驗到的世界。不能強迫別人一定要從你的眼睛角度看出去，你只是一種聲音、一種可能、一種經驗……

既然無法強迫別人一定能明白你的角度與視域，必然的，也沒有人可以強迫你一定要從他的角度與視域看出去，經歷他的經驗。

人，就是如此不同。

因此，你不可能冒充別人，也不可能只是模仿別人，這一生，你需要的完成的，其實只有好好的成為自己、做好自己。

「但自己究竟是誰？」在成長過程中一直被壓抑、被切割、被拒絕與被忽視的人，總是這樣問著自己：「但自己究竟是什麼？我是誰？」

當你開始想要重新理解自己的生命，以一個全然新的眼光、新的視野、多元角度來全面重新理解時，別忘了，此時的任務，便是把那些含冤待雪的過往與那些被排拒的自己，一個一個認回來。這些都是你的一部分，都是一個你。你不需要再以「優劣好壞」輕易評價與論斷。不僅他人沒有這個審判你的權力，你也不需要以這樣的標準再度傷害自己。

需要被聽見的故事

在重啟調查時，你需要重新再說出那些故事。不僅說出，還要能找到一個聽得懂的人聆聽。因為當故事能被聽懂時，故事才能突破它原本被設定的框架，被尋找出新的線索，與新的意義。

就像你可能一直認定自己不夠優越，不夠聰明，不是父母期望中的那種小孩，以致你死命的競爭，死命的不認輸，死命的要奮鬥，付出所有的努力，就是要在不同人生階段都做到最好，希望得到殊榮，好讓父母以你為傲。但是，非常努力的你，死命競爭與奮鬥的你，卻始終無法站上卓越的位置，始終無法成為永保最好狀態的那一位。即使曾經有過滿好的成績與成就，但父母總是不以為然，認定你只是幸運，並且像是預言般的總說：「下一次你就不會這麼幸運了。」而你果然也總是像被下詛咒般的，好成績與好成就節節敗退，無法再造高峰。

有好長的生命歷史，你沮喪，你痛苦，你懊惱，你悔恨，你認定自己的失敗與怠惰，你認定自己不夠努力，不夠堅持，才會被父母料定：注定失敗與退步。

但是，如果你真的看見那一位在這許多人生畫面中努力奮鬥、堅定與不妥協的孩子（也就是你自己），如何的在乎父母，如何的希望父母能以他為快樂來源，可以因為他的存在，讓父母的生命彷彿有了真實滿足，你就會知道那個孩子在自己的肩上背負了什麼，又經歷了多少辛苦。

並不是你不夠好

而如果你願意重返童年，將童年自己的成長環境、家庭、父母甚至祖父母的生長背景，做一番全面的瞭解，你才有機會還那孩子一個公道。因為你會看見那個孩子是無辜的，很多故事情節的發生，並不是因為那個孩子不夠好、不夠聰明，而是那個家族承受了太多的羞愧與失望，可能曾經家道中落，曾經貧窮，曾經被欺騙與背叛，曾經有意外死亡與重大傷害，太多太多的曾經，讓往事成為不可說的祕密，卻影響了家族中的每一個人，每一個靈魂。

若你是家族中的孩子，可能就是最直接的承受者。這些傷痛，累積到你這一代以來，已是巨大與複雜難解的糾結。這是當你是一個孩子時，無從得知的真相與事實。

所以你必須像一個研究者一樣，也像一個新聞報導者一樣，必須要能蒐集更多的資料，願意開啟許多的對談，願意嘗試抽絲剝繭，並且願意去瞭解那些並不如煙的過去，重整出一個完整的故事，具有脈絡的故事。

給自己完全的擁抱

我們每一個人的童年，都有太多故事。在那個年紀，我們用眼睛、用感受、用經驗、用耳朵記錄下許多情境與情節。但是這些記錄，無法真正被成年後的我們報導出來，無法被成年有能力的我們，真正的理解，也無法被還原。使得這些故事，都成為一個個被消音的幽魂，或是充滿委屈的冤魂，無法真的在個體生命中得到安息。

當那些無辜的孩子、受傷的孩子、受辱的孩子、受侵害與被虐待的孩子一個個來到你的眼前，請你告訴他們：

「我不會再把你們丟下，不會再把你們排除，不會再把你們視為不祥、羞愧與失敗者。我會愛你們，為你們身上的傷口敷藥，給你們安心與安全的空間，允許你們得到最好的保護與照顧，不會再讓你們承受隨意的傷害，或被推出去犧牲與受苦。你們如今有我，我也有你們。我們會彼此守護，也會真實連結。」

願意給予自己完全擁抱的人，才能朝真實愛自己更進一步。迴避與否定，切割與驅逐，都只是帶來自我的分裂，與生命的斷裂。

第五章

與自己和好

——重新情感連結與回映

追尋心靈的依歸
——茫然無依的大川

大川出生時，他的母親才十九歲，剛踏入社會一年。大川的父親是母親工作工廠的廠長。兩人都未婚，因為大川的誕生，而不得不進入婚姻。婚後，兩人開始慘痛的生活，每日大吵小吵不斷，雙方吵得不可開交時，總會搬來各自的親戚對陣。大川就在這樣的情況中，不太有人關注。父母任何一方，都不願意獨自留在大川身旁。大川被視為一個沉重的負擔與包袱，大家都想丟。

在大川兩歲時，雙方終於協議結束婚姻。大川跟著只有二十一歲的母親生活。母親要工作，所以只能把大川交給外婆。那一段生活是大川感覺到最穩定也最受疼愛的日子。但才過三、四年，大川便被母親帶離外婆身邊，因為母親再婚了，大川必須跟母親住進新家庭，並且準備開始他的小學生活。

不過一年的時間，大川便有了弟弟，母親和繼父正是因為這個孩子而結婚的。有了這個弟弟之後，母親大部分的精神與時間都在關注弟弟。即使母親在他身邊，但母親的距離，和過去無異，還是如此遙遠。

大川看著弟弟被抱，被繼父與媽媽照顧著，被繼父的父母疼愛著，他總感覺他好似不屬於這個家。但如果這不是他的家，哪裡會是他的家？

每當大川感受到這種失去歸屬感的感覺時，不舒服的情緒總讓他心慌，他會很快的要自己不要再想、不要多想，讓自己過下去就對了。

到了中學時，不知道是否因繼父不想看見他，還是這個家有他在就是奇怪，在不曉得究竟是什麼原因的情況下，大川被安排就讀私立的寄宿中學，從此，他更感覺到在這個世界上，他只有自己一個人存在，是沒有父母的小孩。

忘了是如何度過那些中學日子，只記得對讀書提不起勁，和人的接觸也總是疏離，不太有興趣。如果要他勉強回想中學生活，他只能想起他的導師好像說過他以後成不了大器，不是人才。

自己是不是個人才，他也不在乎。為什麼做人要成為大器，他也不懂。他看見那些大人們對人對事的態度也沒有多麼像人才，或多麼有大器。這是一個諷刺也矛盾的世界。表面和實際總是有落差。

大川後來勉強考上了一所大學，隨便的挑了一個系念，反正也沒人在乎他究竟該有什麼表現。只要弟弟很讓父母滿意，他們以他為榮也就足夠了，大川從不奢求他會有什麼被重視或被關注的地方。大學畢業後，大川應徵一間咖啡廳的服務生，他想這是最不用花心思的工作，只要能提供自己生存的基本需要就可以了。

在大川的心裡，他覺得自己就像是一朵雲，從來沒有可以停靠的地方。就是在這世界隨意的飄浮著，沒有根，也沒有依靠，更沒有所謂活著的目標。所以他不想有任何人際關係、情感關係。對他而言，和人有關係，就必須看人的反應與喜好過日子，他不想累，也不想為人生徒增什麼會引起情感波動的煩惱與問題，他只要繼續像雲一樣，流浪到哪裡，就停在哪裡。不需有人問他從哪裡來，或問他往哪裡去。

孤單的小孩，只是想要愛

在你心中，有一個孤單的小孩，他總是在等著誰。

他等著某個人出現，可以看見他，對他笑，對他好。

這個孤單的小孩，他總是期待著，那種不再一個人茫然的存在，能有一個人可以讓他感受到，他的生命的珍貴與重要。

孤單的小孩，他的心總是好希望有人會願意聆聽他，聆聽他經歷到的體驗，無論那是歡喜還是悲傷，他都希望有人可以分享，可以回應。

孤單的小孩，他渴望生命被回應，而不是再被告知與勸誡；他渴望生命被看見，而不是再被忽視與拒絕；他渴望生命被接納，而不是再被排擠與批評。

孤單的小孩，他只是想真實的經驗到愛。

但他不敢再期待什麼，他害怕期待過後，只是得來更多的失望。他也害怕，對這個世界有需求，只是換來更多的羞辱與拒絕，因為他不值得擁有，也不配獲得。

寂寞伴著孤單而來

這個孤單小孩，他不在外面，他在你內心的一個小角落，當他出現時，正因為他渴望連結，也期待經驗愛，更渴望真實有一份不變動的情感。

但許多人不擅於照顧內心的這個孤單小孩，有點不知道拿他怎麼辦。非常多人都曾對我表示很不喜歡孤單的感覺，孤單的另一個產物叫做寂寞，因為孤單出現了，寂寞也必如影隨形，讓人感覺到自己生命處境的淒涼與荒蕪。

所以當人感受到孤單時，會好慌，好亂，好焦急，好想用什麼方法把孤單與寂寞的感覺切除，那種只有一個人的感覺是強烈的空洞感，是與世界的任何部分都沒有關聯的感覺。這種自我渺小到可有可無的感覺，甚至會讓我們相信即使我們消失了，這世界也不會發現有什麼異樣，因為大家都知道：太陽不會因為一個人消失就不再升起，這世界也不會一個人消失，就停止運作。

但即使理智上知道這個事實，渺小與空虛的無意義感，仍是人類都想迴避與排斥的感覺。於是，製造無意義的搞笑影片，或是一些可以凸顯出個體存在性的行為（搞怪、特立獨行、做出他人做不到的事），在這個世界無時無刻都在製造中，也不停發生。那些瞬間被關注的受寵若驚感，或是好似突然自己被好喜歡、好受歡迎的現象，來得快，也消逝得快。所有資訊與消息每秒都在更新與傳輸，在現代，幾乎沒有什麼經典可以真的被流傳、被保留與珍藏。

空虛令人迷失自我

我們已走進一個虛無的時代；一切好似存在與發生，但你還沒定睛看清楚，那些存在就已消逝與落幕。包括人們的情感關係、婚姻、家庭關係、友誼關係，都可能歷經多次建構、解構再建構的過程，但也可能解構後，再也建構不起來了。

越是虛無的時代，人的存在感也會越空虛，越感到一種生命虛無的焦慮。人若要對抗這種生存的虛無感，就必須為了要證明自己存在的重要性（我是

somebody，而不是nobody），而拚命拿條件、拿頭銜、拿位階加添在自己身上，好證明我自己不是虛無，我可以是傳奇，或是經典，被傳揚下去，獲得不墜落的地位。

當然為了迴避生命存在的虛無感，人必須或多或少的犧牲與出賣自己，來換得這世界的主流肯定與掌聲。在交換的過程中，他必須討好與取寵於眾人，當眾人有關注力在他身上，給予和供應他更多自己是重要的證明時，他才能相信自己的生命是有價值與成功的。

可是人也往往在這樣的追逐與追求中，迷失了自我。受物質需求的壓迫與挾持，為了獲取更多物質的保障，而不斷的賠上自己的時間、健康、關係、生活品質、心靈平衡，及情感的關照。最後，當那些物質都失去時，當那些條件與頭銜一個個消除時，很多人才驚覺，原來那虛無感並沒有真的離開生命，虛無感仍在內在駐足，只是必須在絢麗耀眼的外包裝掉了後，虛無才能再次被真實瞥見，真實承認。

無望與無助，侵蝕心靈成巨洞

而若是早早就認定了自己的生命是虛無，早早就放棄證明自己的存在意義，也放棄體認自己生命的獨特性與能力，這虛無感便會更加的巨大，巨大到甚至可以吞噬個體的生命能量，熱情，夢想，與活著的意義。

對於早認定自己的生命是虛無者，他們內心其實藏有一個巨大的恐懼，害怕自己努力也沒用，害怕自己即使付出與投入，卻換來了不是期待的回應與結果。不論是失望、失敗，或是失落，都是個體要極力避免的經驗。這些經驗都是早年生命不斷發生，衝擊到心靈，而認定了做什麼都沒用，也無意義的，因為不會得到在乎，也不會得到肯定。在內在累積下來的巨大失望與失落，漸漸將心靈侵蝕出一個「絕望」的深洞，讓生命陷落在深淵中，無力攀爬。然而，這種絕望，最駭人的侵害是，個體連求救一聲都放棄了，早放棄這世界會有人注意到他，出現在他身旁的念頭。

更大的殘忍是冷漠與忽視

為什麼我們內在如此空洞呢？為什麼我們害怕經驗虛空呢？為什麼我們這麼害怕自己什麼都不是？也害怕沒有什麼足以證明自己的價值與重要？為什麼想要擁有卻失落，那失落讓我們經驗如此巨大的空洞？

那是因為在存在的需要上，我們需要依戀；依戀另一個人，或一群人，來回饋與顯示我存在的價值和意義。我個體無法直接建構出我自己生命的重要性與價值感，每個人都需要透過不同關係的互動與經驗，來知覺我自己這個人如何？重要嗎？被在乎與重視嗎？被珍惜與保護嗎？被需要與被歡迎嗎？

所以我們需要與其他人有人際接觸，也需要其他的關係來知道自己是什麼、有什麼、能什麼。

因此，曾有人說，虐待是殘忍，但更大的殘忍是——冷漠與忽視。

如果一個嬰孩沒有其他人的關注與照顧，失去愛與呵護，他必失去生命。研究也告訴我們，許多獨居的人，若是鮮少與人互動，拒絕與人連結，內心阻斷了情感所需要的滋潤與滋養，那麼這人的身心健康會失去功能，壽命也會縮減。

而我們需要的情感滋潤，與情緒上的關照和滋養，就是我們心中那個猶如小孩時期的我所渴望、所失落或缺乏的。

生命的力量來自情感能量

過去這個孩子仰賴的是環境他人的看見、重視與供應。有些孩子真實經歷到了，便能儲存情感滋養的經驗值，在大腦情感的資料庫中，輸入愛、支持、撫慰、溫暖、滿足、喜樂等等充滿成長能量的情感元素。

這些具有滋養性與成長性的情感能量，能幫助我們在人生後來的挫折與挑戰中，仍能相信自己生命的力量，也願意給予自己信任與勇氣，允許自己摸索與經驗真實和充滿冒險的人生歷程。

但是，如果我們並未在童年時期經驗到那些充滿滋養性與成長性的情感連結和情感供應，反而儲存大量的恐懼、無助、無力、憤怒、挫折、沮喪、憂鬱、失敗感、孤單感、空虛感，那麼在人生後來的難關與挑戰中，不僅沒有力量與信心，也難有希望感與活力感，佔滿腦袋的會是無限的焦慮不安、失去信任與安全感的急躁和憤憤不平，還有充滿無助沮喪的憂鬱與無力感。

並非說所謂的負向能量情緒（指那些會將人帶至毀滅、殘害、剝奪、攻擊的情緒）都是不好、要消滅的。

情緒本身，不論正向或負向歷程，都是具有功能性的，在個體的生存上都擔任一些任務，有時是要幫助個體往前，有時要幫助個體停止，有時要幫助個體投入冒險，有時則幫助個體迴避危險。

情緒需要馴服

我喜歡以一個比喻說明情緒的功能與任務。

在日本有一部眾所皆知的動畫卡通《神奇寶貝》，描述的是小智這名年輕新人訓練家，以皮卡丘為首隻馴服的「神奇寶貝」，做為與對手對抗及競技的故事。這卡通共登場了六百四十六種虛構角色（怪獸）。而怪獸分為好幾代，並有依照不同環境與情勢分別適合出來戰鬥的神奇寶貝。當神奇寶貝與其他神奇寶貝戰鬥增長力量後，這些神奇寶貝會在得到更多力量後進化，成為更強大的神奇寶貝，學到新的更強大招式。

這個動漫故事若用來隱喻我們與情緒的關係，那麼有幾個重點值得我們體會。一是，首先做為訓練家（情緒主人），你必須先有能力馴服神奇寶貝（情緒），讓神奇寶貝認了主人是誰。並且在主人的照顧、馴養與合作下，一起出勤不同的任務與挑戰。

第二，一個能馴服越多神奇寶貝的訓練家（情緒主人），他能調派與選擇的神奇寶貝（情緒）便越豐富。而因為有眾多不同功能與戰鬥技能的神奇寶貝（情緒），小智（情緒主人）便能因應不同的空間、地理環境、天氣因素、對方戰力等等因子，而選擇出適合在當下出任務的神奇寶貝（因情境與環境出現的適應性情緒）。

第三，沒有哪個神奇寶貝（情緒）是唯一需要，也沒有哪個神奇寶貝可以因應所有情況與情勢。即使人們喜愛所謂的正向情緒，諸如：愛、滿足、希望、興奮、快樂、愉悅，但只有這些情緒是不夠的，因為生命的生存上，也需要像恐懼的情緒，來提醒我們有危險，或是需要憤怒的情緒，來防禦自己被犧牲與侵犯。而人們不喜愛的悲傷憂鬱情緒，則是提醒我們在生活處境中有所失去，或所擁有的部分遭受了改變，需要調適。

讓陽光照入你的心

所以人性的情感經驗，不會只偏重在正向感受，負向感受仍是人生必然要經歷到的情感經驗，分離、失去、死亡，即便人們迴避與抗拒，這些經驗仍然會存在於人生之中。

因此，請停止對你內心的孤單小孩殘忍，請不要再因為你感受到內在的心有所謂的負面感受：孤單、寂寞、無助、恐懼、焦急、憤怒、哀傷，你就如過往的大人一樣，再度抨擊他、指責他、羞辱他、拒絕他、遺棄他、切割他，甚至恨不得他消失，他不存在。

即使你尚不知道如何善待與照顧，但你的看見、不否認、容許存在，便已是為你內心的孤單小孩，送進一道溫暖的光。

你留給自己的是什麼？

很多人都自許成為他人的陽光，成為這世界的小太陽，然而，他對自己卻是最無法給予溫暖與包容的。他盡力的散發熱力，積極的給予這世界能量，其實是，若沒有用力的給出自己的生命力量，他的內在便無法透過他人的感謝與肯定來獲取熱度和能量。

他是一個小發電機，拚命發電供應世界的需要，但留給自己的部分，只剩下殘餘零碎的能量，無法給自己飽滿的熱情，也無法給予自己溫暖與力量。

如果我們內在始終是缺乏的狀態，那麼即使硬給出愛與關照，也是往掏空的方向走，有一刻，生命會在一個完全失控的狀態下崩潰、崩塌。

想有所獲得，先往自己內在栽植

我們在努力不斷的對外付出，讓自己被需要，也讓自己被接受的同時，許多時候，那份不得不給出的驅力是來自內心渴望求取讚美與肯定。我們相信了一個信念，若要獲得什麼，先要怎麼栽。

可是許多人的栽，並非往自己內在的心田栽植力量與愛的樹苗，反而是將時間與精力付出給他人；那些他感覺到有需要、有軟弱、不開心、無望絕望、需要依賴者，他將能給的都給出，傾囊而出。而這傾囊而出，是含有回報的期待；希望對方開心、振作、樂觀、快樂、成功、獨立，當對方能夠如此時，他才足以從中被滿足與被回饋自己的價值、影響力、重要性，或是生命的喜樂與被需要的滿足。

看見他人成長，我們當然為他喜樂；看見他人成功，我們當然樂於喝采；看見他人展顏，我們當然為他慶幸；看見他人獨立自主，我們當然為他肯定欣賞。但這些都不會連結回自己的存在價值與重要性；我們無法以他人有沒有符合我的期許與我對他的設定，來決定我這個人重不重要，是不是值得讚美與肯定。如此，容易使我們形成對他人的控制與支配，必須一直仰賴他人來滿足自己的價值需求。

你的努力，不是為了別人

每個人都在生命中為自己學習與努力奮鬥成長，這麼做這麼努力，不是為了要滿足誰，與讓誰快樂，或是對誰交代，好讓自己不辜負誰。這麼投入與努力，是每個人生命最終要成為完整的自己，真正的自己，讓自己不枉此生，可以對自己的成長與蛻變有所肯定。

就如完形治療創始者波爾斯（Perls）的〈完形祈禱文〉：

「我做我的事，你做你的事。我在這世界不是為了要實現你的期望而活，而你在這世界也不是為了我的希望而存活。你是你，我是我。如果偶然的我們發現彼此，那很美好。如果沒有，那也是沒有辦法的事。」

I do my thing and you do your thing.
I am not in this world to live up to your expectations,
and you are not in this world to live up to mine.
You are you, and I am I,
and if by chance we find each other, it's beautiful.
If not, it can't be helped.
——Fritz Perls, 1969

做自己的太陽，也做自己的月亮

若你看的時候，會感覺是首無情的祈禱文，正說明人際關係上的界限混淆也影響著你。我們常不合理的期待共融，你融我融，好似分不出彼此，全視為一體，才能顯得感情好，顯得你真的把我當成你自己。

但這是不可能的，極度的不合理也非現實世界。在這個世界，沒有兩人一模一樣，即使一模一樣的雙胞胎、多胞胎，他們仍有細微的差異，或是不同的特殊性。所以，我們無法把人複製成我，或把我自己複製成另一個人。我們在世上，進行的是分享（有給有收）、交流、相會、共鳴、連結，但不是控制、支配，與複製。

若我們無法真實接觸我與人、我與物都有一個接觸面的界線，我就無法賦予人，賦予自己，賦予物屬於他（它）的該有樣子。就像波爾斯說的：玫瑰，就是玫瑰。

所以，如此看來，我們只能做自己的太陽，做自己的月亮，做自己的發電機，也做自己的修復地。我們真實做了自己的，我們會發出光、發出熱、發出能量、散發出滋養。我們供應了自己，充足了，我們將充足有餘的部分提供出去，分享、散發、釋放、交流。我們關照了自己，同時有益於這個世界。

完美的那個人在哪裡？

如果反過來，我們一直希望撐著這個世界的重量，承擔他人生命的重擔，以此來肯定自我的價值與功能，卻不斷的忽略自己，迴避自己，及否認自己的消耗與內空，還有限制，我們就可能讓原本就空乏的生命內在，繼續的消耗與破壞。

我們需要回看在成長歷程中，特別是早年生命的經驗，我是否真實的經驗到愛與支持，關照與撫慰？

生命成長過程因為傷害的緣故，或是缺愛，會讓我們感受到內心猶如一個巨大的黑洞，讓人時常感受到不滿足與悲哀，還有強烈沒有愛的孤寂與落寞感。這個巨大的黑洞，專門想吞噬：愛、喜歡、讚美與肯定。但奇怪的是，無論從外界投進什麼喜愛、喜歡、讚美與肯定進去，也只是剎那的滿足，很快湧出的感受仍是虛空、無望與落寞。

在寂寞與對生命的挫敗感中，我們很想杜絕這些感覺，不禁「幻想」著是不是會有一個「完美」的人出現：能夠懂我的寂寞，懂我的孤單，懂我的恐懼、無助、失落、傷心……並且，不再傷害我，不再忽略我，不再離棄我，能無時無刻的在乎我、肯定我、關注我、愛我、包容我、不離開我。

我們期待這一個「完美」的人，出現，好解救生命長期以來沒有愛的空洞與失落的傷痛。

提升愛自己的能量

有時候，為了擁有這一個「完美」的人，我們先把自己裝扮成這一個「完美」的人。對著他者給出所有的關注，無時無刻的在乎：想懂他者的寂寞，想懂他者的孤單，想懂他者的恐懼、無助、失落、傷心……希望不傷害他者，無時無刻的在乎他者、肯定他者、關注他者、愛著他者、包容他者、不離開他者。

但卻在給出了一切的關注與愛之後，在他者一個疏離或無動於衷的反應中，感受到好受傷，好沮喪，好憤怒，感受到深深的失落與悲哀。

甚至，有一種似曾相識的被遺棄感、被漠視感——「原來，我給出的重視與關注，並沒有讓我得到想要與需要的重視與關注」。豈不更為悲傷、更為受傷？

許多人在這樣的受傷經驗後，並未認清——原來，只有我自己可以給我自己不遺棄的保護與關照；原來，只有我自己可以試著全然的懂我自己；原來，我需要先重視與尊重我自己，才能在他人的不完美對待中，接受他人有所限制的回應與關懷。

很多人沒有認清這個必須負起學會愛自己、保護自己的責任，反而是更多的埋怨他人的辜負與糟蹋，或是控訴他人的傷害與侵犯。

有時候，沒有能力與能量愛自己的人，只能持續的坐在受害與受苦的位置上，任憑環境的摧殘與迫害，不斷的累積對自我的負向觀感、負向評價，像是：我真笨、我真沒用、我都被辜負與傷害、我好無辜好可憐、我總是被任意的對待與漠視。他似乎很難從經驗中學會某些道理、某些知能或技巧，或是某些領悟，他只能讓情況重複的發生，卻無法看見自己在當中習慣性的無能為力（放棄生命的主權）所造成的生命困境。

承認我們並不完美

如果要這循環有所終止，我們必須承認，無論是他人，是自己，是父母，是師長，是任何我們在乎與渴望的人……我們都只是凡人，我們並不完美。

因此，不是我多盡力付出，多全然付出，就能換回，或是獲得他人等量與等價的付出。因為「付出」是一種主觀的感受，每個人認為自己的付出，未必是他人感受到或接受到的。

有了這一層認知，即使所期待的情感回應與連結失落了，我們仍會願意經歷悲傷，承認失望，但不會是埋怨與憤恨，更不是報復。因為限制與不完美，都真實存在於這世上了。而這世上，沒有人——包括父母，都不會是為了要無時無刻滿足我們的任何需要，符合我們的任何期待而存在。我們也是，無法是為了他人無時無刻的需要而存在。

這樣就好，不需要追求完美無瑕

所以我們讓自己發展為「夠好」的生命：有足夠的回應能力，有足夠的撫慰與關照能力，有連結情感的能力，有辨識需求與評估如何給予及提供的能力，這些夠的能力可以供應給自己，也可以分享出或給予其他生命。這樣就好。不需要追求完美無瑕疵，或為了讓他人沒話批評而使命必達，努力自我要求與譴責。

而這個所謂能夠回應自己，懂得自己的情感需求，並且願意自我連結、感受、體會、理解、行動的能力，便是無法愛自己的人最為缺乏的。因為過往童年時期，在他還無法真正認識自己、瞭解自己是誰、需要什麼、怎麼了、感受什麼等等情況時，他需要有一位他人（之於主體之外的客體）可以來回映、關切，試著協助他把他未知，不明確的狀態表達出來、呈現出來，讓他瞭解，讓他安心，讓他辨識，讓他體會，讓他學習因應與處理歷程。可是少了這一個重要他人提供與引導，生命早期因此缺乏了穩定與足夠的被回映、被瞭解、被關切，與被連結經驗。這些經驗值的貧乏，使個體無法內化情感連結與照顧的方式，所以他無法對自己有情感連結與回映，也就無法在情緒低落或不穩定時好好進行自我照顧。

再多一些情感的連結

如何進行情感連結與回映呢？

這個能力很抽象，若要具體說，就像是照鏡子一樣，能夠如實的反映出鏡子中所呈現的一切。然而，還要再多的是情感的連結。因為鏡子只能反映外在所呈現的，像是表情、眼神、動作、姿勢、態度等等，卻無法映照出人的內在情感。因此鏡映過程，可以透過非口語訊息和口語內容，來辨識及解讀人的狀態與所呈現的真實，像是你看到一個人眼中有淚，此時鏡映，讓我們辨識與理解（透過我們的社交生活與成長經驗）此人在他的情境中，淚水是什麼意涵。

你會以整體性（人與背景、人與情境之間的交織）來理解，而不是單看眼淚，就直接判斷，如此才能貼近流淚之人的遭遇與經驗。

如果，這個人是在歌唱比賽中，遭遇了淘汰而流淚，你便能鏡映出此人的淚是來自於失落，因此你回映了：「你好失落，期待落空了。」並憂愁著對方的哀傷。

如果，再多加上情感連結，則是我們的感受力願意開放，與此人的感受連結、共振，因此我們會感受到對方失落的難過、沮喪，或是傷心、失望。我們的情感一旦有了連結，我們也會在當中，感受到一種悲傷在內在（特別是五臟六腑的位置）散開來，或是一種痛與衝擊的感覺讓面容麻痺，讓聲音哽咽，讓鼻腔微酸。這就是情感連結，與對方的情感同在同步（同狀態），不迴避也不隔離。

如果拒絕感受的人，就會把情感封閉，並切割會有所感覺的連結。因為感覺太令人不安，情緒太令人混亂，與覺得糾結。

在過去的時代，幾乎所有家庭與個人都無法經驗情感與心靈的被連結、被回映。過去在物資不足、物質貧窮的年代，談情感連結與心靈關照是一種奢望，也是不切實際。更多時候，人們幾乎無法理解情感連結與回映究竟是什麼？個人在這樣的處境中，仰賴家庭的運作才能有生存的條件與資源，不然就是要拚命靠自己在外面世界打拚，掙得更多物質資源與生存條件來供應家庭與自己，哪還有時間和心力去情感連結與貼近感受另一個生命的狀態與處境。

靜下心，慢慢來

無法靜心與慢下來，情感與感受是難以覺察與經驗到的。

對他人是如此，對自己也是如此。

如果我們總是在現實物質生活中忙亂，像個陀螺一樣的旋轉，焦急、不安、恐懼、擔心、煩躁只會不斷佔據我們。我們自己堆壓著許多情緒，自己都很難關照與清理，又怎麼能夠心有餘力的去陪伴他人，體會與理解對方的感受？

無能為力的情況下，我們只好自己累積一堆難以清理的混亂情緒，也難以再觸碰他人的情緒感受。而我們彼此就在一堆情緒壓力中，相互苛責、相互指控、相互發洩與波及。

我們無法對自己進行情緒照顧，與情感連結及回映，我們就會有困難整理自己，釐清自己。如此，對我們與他人的人際關係便會發生影響，甚至造成關係傷害與破壞。

跟自己和好

如果我們願意往愛自己的方向走，願意體驗真實與自己的連結合一，那麼，接納自己，與自己本來有所切割、拋棄、拒絕、否認的各個部分和好，恢復情感連結與回映就是非常重要的關鍵。

你會願意對自己有情有愛，有仁有義，有保護有照顧。你必須知道，這世上只有你可以真的與自己在一起，從出生到死亡，無論何時何地，你無論如何都還是會與自己在一起。你怎麼可以不懂自己，不瞭解自己，不願意親近自己，不想理會自己？

即使過去經驗值缺乏，會讓你練習情感連結與回映產生一些困難，甚至因為沒有經驗而感到無知，不知如何做起。但只要你不放棄，不再迴避與否定情感連結及回映是你的需要，我們還是可以一步一步的學會。就如嬰兒在翻、爬之後，要跨出人生腳步的第一步，也一樣的充滿未知，也一樣會經驗恐懼，但同時他還抱持意願，想要經驗，想要嘗試。是這個他的意願（will）成為他的一個行動。為了能夠摸索和探知他自己與這個世界的關係，他從第一步開始去成就；在這第一步後，有了之後的下一步，每一步。

第六章

滋養與修復自我關係

——八項滋養與重塑自我的能力

只想要有人真的懂我
——傷心失落的小丹

小丹再度分手了。這是她第四段感情。

每一段感情，對方總是以強烈的方式離去，不是消失，就是口出惡言，好像小丹是一個再糟糕不過的人，只要靠近了，對方最後都會嫌棄她、批評她，或是不給任何原因就遺棄小丹。

小丹在這幾次的感情關係中，一次又一次的證明自己是個很糟糕的人，一定是因為自己的真實面目太令人討厭，所以每一次感情對象只要進入深一點的親密關係，就好像看見了一個他們完全不認識的小丹，然後開始不能接受小丹，數落小丹，接著不斷和小丹起爭執。如果小丹不甘示弱，也用力的對抗與反擊，有時最後的結果是對方咆哮辱罵，不然就是徹底決裂，彷佛從來不認識。

小丹其實沒有意識到，自己雖然還是讓自己進入感情關係中，但其實一次一次的戀情下來，小丹累積了許多不安全感，與不信任感，總懷疑著自己哪一天又會被拋棄，或者哪一天對方又會受不了自己。所以在感情世界中，她內心都有一種倒數計時的感覺，好像在不遠的某一天，這戀情勢必走向死亡。

小丹當然希望可以有一段感情是長長久久，相互陪伴與支持。但不知道為什麼每一段感情都無法撐過一年。一旦進入雙方都認定的戀人關係，她就會變了一個人似的，對很多情況都難以接受，會開始不斷的反應她的不滿、不悅、不喜歡，她會希望感情的對象來討好她，讓她覺得無時無刻被重視、被在乎、被寵愛。所以，她無法接受對方對她說：那是妳的事、妳很煩、怎麼那麼多要求、我不想跟妳說、有完沒完……

只要對方出現這種不耐煩與嫌棄的口氣，小丹就會怒不可抑，誓死要討回自己的尊嚴面子。她像一個要出兵打仗的元帥，帶著千軍萬馬般，猛烈的攻擊情感對象。她要讓情感對象知道：「其實不好的人是你，不是我」、「你憑什麼這樣對我」。

在她發出攻擊後，感情的對象要不就更猛烈的回攻，要不就二話不說，消失得無影無蹤，留下完全錯愕的小丹。

小丹沒有因為失望與失落就成為一個不在感情中付出的人。事實上，她在每一段感情裡都很在乎對方，總是希望對方滿意與喜歡。但是只要對方沒有照著小丹所期待的反應給出反應，小丹就會難以承受那一份失落的挫折感，開始埋怨，開始批評。

在小丹的心裡，她在乎每一句對方說出來的回應。而她認為，若對方懂她的心，真愛她也重視她，就會知道她想要聽到什麼回應。即使她有所失望或挫折，對方也會知道如何安撫她、關心她，不是讓她一個人承受沮喪或難過。

但是，情況都不是這樣發生的。情況都是對方剛開始交往還會輕聲細語，還會哄一下她，還會對她的心情表現出在乎與關心。但不出多久，對方會開始在口語上、表情上、態度上呈現出煩躁、迴避、厭惡，或是完全無動於衷，這些都讓小丹好受傷。

小丹真的不明白，難道這世界上沒有一個人會真正的愛她，真正的對她始終如一嗎？難道沒有人可以懂其實她內心很脆弱，很需要有人保護，有人在乎與疼愛嗎？從小到大孤單長大，很少被陪伴，很少被理會，難道在長大後，不能遇到一位不要再讓她承受任何難過、傷心、忽略、挫折的人嗎？

不能嗎？

情緒、認知與行動三連結

生活中，在關係裡，我們難免有情緒起伏。正常的情況下，我們一日會有幾種情緒轉換。一大早可能是急躁或愉快，到工作崗位或是上學可能是緊張或焦慮，到中午休息可以是疲憊或輕鬆，再到下午可能是低落或興奮，晚上聚會及回家，可能換為開心或沉悶。

情緒是因應環境與情境刺激的反應。隨著環境與情境變化，大腦為自己提取出適合因應的情緒感受，來讓個體知道環境與情境對他的影響是什麼，也推動個體的行為反應與認知反應。

每天，人都在「情緒」、「認知」、「行動」三結構中運作。這三結構的循環運作，構成我們這個人在這世界的生存。活在世界上，雖說如今已是一個文明世界，減少了人在原野環境中可能要遇到的生存危險，但是，文明世界的人際交往頻繁複雜，資源搶奪也為人帶來競爭感，還有現實生活要求的諸多壓力，也是人生存上的危險。人們為了生存必須活得戰戰兢兢，必須不斷的追求地位與名聲，以獲取更大的利益與資源權力，否則可能不停受壓迫與壓榨而造成生命有更多耗損。這些種種遭遇與經驗，個體都是在承受與承擔。

為了因應外在的生存挑戰，也應付頻繁複雜的人際動力，就必須由三個結構的交互影響與連結，來讓我們知覺個體如何因應、如何處理、如何解決內外在的刺激源與需求。

被迫戴上的情緒面具

不論一個人感知或未感知到自己的情緒，他都有情緒在運作、在因應。只是人的情緒強度不同，敏感度不同，成長經驗也不同，能感受到多強烈的情緒與多少層次的情緒，確實也有所差異。

然而，我們社會，包括家庭與學校，及社區團體，對情緒的發生常以二元對立（正負）來面對、評價和標籤，使我們強烈的要求小孩、他人要一直保持正向快樂的情緒，這樣才是堅強、成功、能力好，或討人喜歡。當負向情緒發生，便要人立刻消滅、剷除、壓抑與否認。

我們在這樣的氛圍下被影響、被塑造。我們都學會如何社會化，符合外在社會認可與要求的面具和形象，然後偽裝、防衛、扮演，好讓我們可以被社會接受。

你幹嘛有情緒？

但我們因此沒有學到什麼？

我們沒有學到當我們因應環境與情境的刺激和挑戰時，產生了情緒的變化與歷程時，該如何調節情緒的起伏張力，還有因為情緒導致的身心不舒服。家庭與學校環境通常要我們自然就學會，不然就以「你任性」、「個性壞」、「脾氣壞」、「ＥＱ差」一語待之，既批評也責備。

但我們還是不知道該如何化解我們不舒服的情緒。我們從來沒有關照情緒的概念，情緒發生了，就直接被視為沒必要發生的產物。所以人們常說：「你幹嘛有情緒？」

我們盡情的批評有情緒的人，卻也在意別人批評我們有情緒。我們在情緒感受中無助，也對他人的情緒感受無能回應。

但有趣的是，我們都如此對情緒排斥與抗拒，也對情緒充滿無助與無力感，然而我們卻又期待別人應該要來懂我的情緒，在我有情緒時，別人應該要知道該如何回應，該如何安撫與陪伴。

你只是外表成熟了

為何我們這麼期待他人要來為我的情緒負責；負責來關心，來照顧，來回應，來安撫？

那是我們是小孩時的需求與渴望，我們需要一個穩定而有情緒照顧能力的大人，成為我們情緒經歷恐懼、無助、緊張、難受、挫折、沮喪、痛苦的避風港。讓我們可以進入避風港進行歇息與修復，然後，再啟航。

但對於許多成長於華人家庭的我們，在過去的年代，家庭提供吃穿等物質資源已經夠辛苦，又哪來的精神和力氣學習與付出情感上的關注、連結、支持和引導？所以我們的情感互動經驗，常是落空或是失望，甚至挫折，反覆的經歷被漠視、被拒絕與被評價。

我們在成長歷程，不得不忍受這些情感的落空與挫折，然後在外表上仍隨著生理年齡成長。但是，即使外在生理年齡早已經成熟多年，內在心靈的情感年齡，卻始終停留在三歲、五歲或是七歲左右，還在等著一個想要的理想父親或母親來到身旁，給予最無條件與最無失誤的關照及安撫。

隨著成長過程，我們早就已經發現一個事實：父母他們的真實——這真實就是他們無法給予情緒關注與照顧，也無法協助引導調節與平息情緒。雖然有這個發現，但不見得我們就能將內在的渴望與需求消滅，我們只是壓抑、忍耐，暫時否認這樣的需求。

失落過的缺乏，成了心靈的傷口

但是，當我們到青少年了，開始進入朋友關係，再到成年進入了親密關係，在這些後續發展出的人際關係中，只要我們一旦確認對方將要走進我的世界、我的情感領土，我們就立刻關上大門，囚禁對方，開始要對方成為感情奴隸，不斷為我們過去未得滿足、未得供應、未能實現的渴望與需要負責、效勞、服侍。

我們將過往早年生命受到的錯誤對待、未滿足對待、不公平對待所累積的情感黑洞，要眼前這個被囚禁的感情奴隸盡所有心力、所有時間、所有付出來供應與滿足。

那些未滿足的渴望、失落過的缺乏，成為心靈一處處的傷口，老出現在後來的情感關係中拚命喊：痛啊！痛啊！

怕被遺棄的內在孤兒

如果我們幼年又是生長在幾乎是沒有大人陪伴與在乎的處境下，我們內心就住著一個孤兒。即便真實世界有父母，我們的心靈仍感受到自己的無依無靠，那麼我們內心還是住著這一個孤兒，隱隱啜泣，心中怨恨與不甘心，還有許多疑惑：為什麼我得不到愛？為什麼沒有人在我身邊不離不棄？為什麼這世界所有人都不要我了？

這孤兒的聲音，像是幽魂般的總在耳邊響起，不斷的哭泣著：我是沒人愛的孤兒、我是沒人要的小孩。

所以可想而知，如果有一個人出現在孤兒的眼前，告訴孤兒願意愛他，那孤兒一定會使勁用力的要抓緊對方，會要對方給出絕對不改變的承諾，也要用盡一切努力讓對方不要再遺棄他。

這樣不受成人功能控制（辨識情境、蒐集資料、瞭解現實、評估方法、抉擇判斷、承擔結果），也不理會意識，幾乎無法透過思考與學習來找到一條合理的成人相處之道，這種驅力便是來自被壓抑至潛意識的「被遺棄恐懼」與「愛的未滿足失落」，由此而產生了不論如何都一定要的強迫性。

這種強迫與執著，失去成人人際關係所需要的彈性調整功能，也不是透過彼此真實認識，協調與合作出一種雙方共同需要的關係模式，而僅是以一方的控制與被支配、命令與順服，來壓制與要求關係的另一人該扮演什麼、該負責什麼、應當要說些什麼、回應什麼。

為自己的情感需求負責

當我們把陳年累月的情感缺乏，與巨大情感陰霾都歸咎於外在他人，或是怪罪誰造成傷害該當負責時，我們便一次一次的錯過學習為自己的情感需求負責的機會，也一次一次的迴避失落與缺乏的自己，更是一次一次的證明我們內在好無能、好空洞、好缺乏，而外在他人總是如此狠心、如此絕情、如此辜負。

當我們進入這樣的反覆驗證過程後，我們只需要把自己留在「受害者」的位置上，怎麼也不需要成為那個學會照顧自己、學會愛自己、學會肯定自己，也學會為自己療傷止痛的那個人。當然，無論生命走了多久，我們生理年齡又多大了，我們始終難以真正成熟，始終無法學會安撫自己內在的虛空與各種難受的情緒起伏，也就無法真實的為自己生命的滿意與充實負起責任。

而如果我們無法學會照顧好自己，學不會關愛自己，我們難以真正懂得如何關愛別人，又如何真正的照顧好別人？我們連自己的需求與狀態都難以理解和回應，又怎麼能去理解別人的需求層次，以及明瞭如何回應那些狀態？

若我們只是依賴外在世界的供應與照顧，也苛刻的要求他人應該負起照顧我需要的所有責任，那麼，我們無法真的願意開始懂自己，無法真的有意願承接自己、理解自己，與好好的愛護自己。

踏上前所未有的嶄新旅程

在愛自己的課題上，我們需要發展的能力，可能是我們在早年生命經驗從來沒有經驗過的。我們或許沒有體會過與感受過真實的關愛是什麼，也沒有真正的在被維護完整的獨特個體上，允許我們感受、思想與行動，並尊重我們與他人的不同。

我們可能體會過的經驗，是焦慮的嘮叨、苛責、命令、指控、要求、批評、強迫等等這些具有控制性與支配性的對待，卻沒有經驗真實的被視為一個具有主體性的生命個體，也沒有經驗過他人具尊重性的參與及回應。所謂尊重性的參與及回應，是種不帶威脅性與侵犯性的親近互動，是一種願意樂見生命往他所要成長的方向去發展、去實現的態度。

滋養生命成長與茁壯的重要能力

如果我們願意成為自己的那一位重要的關愛者，那麼，就讓自己願意經驗這段學習的歷程，願意在還未真正內化關愛與照顧為生命系統的一部分之前，反覆的練習，直到這樣練習自然而然的流露、展現與化為無形（練就到無招勝有招的境界）。

這些關愛自我的能力，不僅是一種思維，更是一種態度，並且是一份行動。

這些關愛自我的能力，除了前幾章已詳述過的：重新理解自己的生命歷史，把過去被拒絕與遺棄的自己認回來、擁抱回來，還有，願意跟自己情感連結與回映。

除此之外，還有以下所介紹的，能夠滋養生命成長與茁壯的重要能力，包括：

關注與肯定

容許與信任自己

無條件給予支持與積極欣賞

慈悲與寬容

關注與肯定

愛自己的重要第一步，是願意花時間與心力關注自己的內在，當有穩定且足夠的關注之後，能為自己被賦予的生命權利進行肯定與認可，不需任何人來為你背書與簽章。

如果你注意、留心，你會發現這世界充滿各式各樣的聲音。

然而，當你被各種聲音塞滿，你可能會聽不見自己的聲音。

而當你只聽見自己的聲音，也就聽不見其他的聲音了。

也許你什麼聲音都聽見了，卻唯獨最重要、最可以滋潤生命的聲音聽不見。

當你什麼聲音都去尋找，也去收集了，但心裡始終聽不見最終的聲音，那些聲音只變成了雜音與無法處理的噪音。

有些聲音，很大聲，但那可能不是你真正需要的。

有些聲音，很微小，如果你靜不下心，你是怎麼也聽不見。

有些聲音，是你用來迴避自己進入心靈、面對自己的方法。有些聲音，是你用來隔離外界進入內在的方法。

有些聲音，是你的負擔，你卻無法隔離與消除。有些聲音，是你的需要，你卻怎麼也收不進去。

有些聲音，會帶給你欺騙與偽裝的世界，有些聲音，會告訴你真實與殘忍的世界。

靜默是最大的力量

這是一個充滿聲音的世界。但有時候，靜默，才是這世界最大的力量。

然而，大多數的人無法與自己靜心的同在。只要與自己獨處，各種吵雜與衝突的聲音就在內在不斷旋繞，遲遲無法寧靜。

而那些吵雜混亂的聲音，是我們成長歷程出現過在我們環境中的聲音，特別是那些權威者、批評者、控制者、命令者、恐嚇者、威脅者的聲音。

過去，我們家庭與社會文化，在人感到沮喪與無望時，常常使用的方法就是「催逼」、「勸誡」、「要求」、「指責」等說難聽話的方式。有些人甚至絲毫不覺有什麼不妥的說：「我只會說真話，不會說好聽話，說好聽話我做不到。」這句話的表達，正顯示我們內心的空間其實很少具有正向情感力量，諸如：愛、慈悲、寬容、喜樂、安心、信心，還有希望感的話語少之又少。我們有個迷思，認為說難聽話，就是實在，就是事實，殊不知，那些難聽話其實是生命早期以來環境所傳遞出的苛刻，與沒有同理，沒有尊重的對待。

存著真心，言語才真實

而即使有「說好話」的運動響應，但若說者本身並未具有正向眼光與正向態度來理解人、發覺人的正向特質，即使他為了說好話而說好話，像是：「你好棒！你好優秀！你做得很好！」這樣的讚美話語也會顯得空洞，讓人感受不到話語所傳遞的真心與肯定的力量。

所以，說話的人，其實是反映他的心理環境，他的心理環境有力量、有愛、有肯定、有欣賞，他才能夠在話語中給出真實的理解，與看見他人真正為生命努力與付出之處。若相反，他的內在心理環境其實是比較、競爭、嫉妒、厭惡、輕視，他的話語即使勉強為了有好的社會互動技巧，那話語裡也聽得出不真誠與扭捏，甚至矯情或誇張表現。

走出兩敗俱傷的陰影

過去，我們大多數的人都活在具有攻擊性、侵犯性、比較性與否定性的環境不自知，也無覺察，當我們遇到了挫折、痛苦、意外失落等等人生的打擊時，我們的內在與外在同時都會有再加碼的打擊，擊潰我們內心僅存的一點自尊、自信、價值感。我們變得自我懷疑，變得戒慎恐懼，變得縮頭縮尾，好害怕再被酸諷，排斥，冷言冷語，甚至怕被指控出自己身上的醜陋與狼狽就是自己很差勁，與是個失敗者的證據。

利用恐懼操弄人心，利用侮辱催逼成功的時代，證明了人類世界的傷痕累累。一代複製給下一代情感的冷漠與疏離。人與人之間害怕連結與靠近，親密的關係成為我們的夢魘與恐懼。我們已經在這種相互攻擊與怪罪的氛圍中，兩敗俱傷。

所以，當我們說：「我要學會愛自己。」我們需要先檢視過去我成長環境中，對我內在心理環境造成的影響是什麼。很多人幾乎不加以思索就把家裡某個權威角色、重要角色的平常言語灌輸在他的生命系統中，例如在家庭經驗裡，我們常被罵：「笨蛋，真爛！」這個經驗常常發生，次數多到你幾乎沒有感覺到它的不尋常，也幾乎不思索它所帶來的關係影響與成長影響，那麼，你很自然也很容易的就會把這樣的話語放在你的生命系統中，當你遇到無法理解，或無法認同的情況時，這一句話你就會對自己說，或是對他人說：「笨蛋，真爛！」

言語可以傷人，也可以助人

你可能絲毫不會覺察到語言對於環境、對於人際，與對於你自己內在的情緒感受上所造成的影響。但事實上，語言是有力量的，語言可以傷害人，也可以造就與幫助人。語言可以帶給人「畏懼與不安」，也可以帶給人「信任與安心」。

所以我在進行助人者訓練時，總是不斷強調語言的功效，以及一個人要能掌握他使用的語言，而不是被語言所掌控。像是說些無意義的口頭禪與無意識中就說出什麼話來，這些現象就是他被語言使用了，被語言掌控了，而不是他在選擇他所要使用的語言。

當然對助人者來說，他就失去了一個助人最重要的工具。助人本身除了用心傾聽，理解生命脈絡，聽懂當事人的故事與情感意義，之後，最重要的就是「回映」和「回應」。回映，是將我們理解的當事人（情感、認知與心理渴望，還有行動模式）與他生命故事的意義脈絡像鏡子般反映給他，提供他覺察與自我探索和瞭解。回應，則是我們在自己的位置上，與我眼前的當事人互動下，以生命接觸生命所產生的感受、體會，還有情感與經驗的連結，而給予回應，以一種人與人真誠與互為主體的關係互動。

在一般的生活情境中，對待任何生命都如此，不論是對他人或對自己，我們是參與及回應生命，來連結我們的關係，並與他人親近。

第一步：不再將自己工具化

一個人若無法有能力參與及回應他人的生命，他會在人際環境中感到孤立。若一個人無法與自己連結，無法回應自己，他也無法和自己產生親密的同在感、完整感，取代的可能是自我的分裂感與疏遠感。

常常說：「不知道，我沒感覺」、「還好吧！沒有什麼特別感覺」、「我感覺不到什麼感覺」、「什麼是感覺？」都代表著一個人與自己的疏離。當我們在說與自己的疏離時，這說的是情感連結的關係，而不是指每天都知道自己要做什麼事、該往哪裡去工作或上學，或是總能安排自己去學才藝、參加活動或聚會。活動當然都可以進行。但是當活動在進行時，一個人不會失去感受能力只是任由自己像個機械般的運作著，或只顧著目標達成，而忘卻自己是一個有感受力、有生命特性的有機體。

所以愛自己的重要第一步，是不再將自己工具化，停止將自己視為工具，因為工具無生命，工具是為了某個目的或任務而存在，而不是如生命，為了經驗而存在，為了感受而存在，為了體會而存在，為了領悟而存在，也為了學習而存在。因此，我們願意花時間與心力「關注」自己，而不總是花力氣在關注外在、關注環境與關注他人。

關注自己的內在

當我們要進行「關注」時，首先要先放棄過去我們習以為常的被關注的方法。過去，成長歷程的經驗，當我們被關注時常常是經驗到被質疑與被強迫：「你事情做完了嗎？」、「你是怎樣，一回來就擺臉色？」、「你趕快動作，不要楞在那裡。」這些關注的聲音，往往是催逼我們趕快行動，趕快完成事情，趕快離開自己的狀態，而不是好好的觀察我們的非語言訊息，還有我們所呈現出的狀態。那樣的關注，比較是種迴避與漠視，不是讓我們感覺到我這個「人」真的有被看見，有被關心。

當我們開始要學習「關注」自己時，我們關注的是自己的內在，包括：自己的情緒感覺、自己的體驗、自己的生理感受，與自己的想法念頭。

現在的你，感受到什麼？

我們可以以問句來成為關注自己的開始：

「現在的你，感受到什麼？」

「此刻的你，心情感覺如何？」

「現在的你體驗到什麼？」

「此刻的你，身體感受是什麼？」

「你有什麼樣的想法想說？有什麼樣的念頭浮現？」

開放性問句，可以幫助我們聆聽自己，覺察與辨識自己。從開放句子開始，可以避免我們以過去被對待的方式，自然而然的指責與挑剔自己。

而「關注」最重要的是以愛的基礎所提供的關心與重視。是以一種「我看見你」、「我在乎你」、「我想瞭解你」的立場出發，給予生命一份情感連結與情感滋潤。

冷漠足以扼殺生命能量

十三世紀時，在德國曾經有近五十個嬰兒因為沒有得到任何關注與擁抱而死亡。一九六六年羅馬尼亞處於二次大戰後的環境，因為壯丁都戰死沙場，為了急速增加勞動力，下令不准二十五歲以上的婦女避孕與墮胎。不過人口增加，貧窮率也跟著增加時，孩子就被大量遺棄，幾千個孩子最後收容在國家成立的孤兒院。然而國家狀況未見改善，且甚至更加惡化時，孤兒院出現許多嬰兒無人關心、無人注意的情況，以致死亡率大幅提高，並且出現一群飽受創傷的孩子，也影響了孩子的成長發育遲緩等等現象。

這些發生過的事件都在告訴我們，對生命失去關注是多麼殘忍的事。冷漠，是足以扼殺生命的，使生命處於低生命能量、低生存意義與低價值的狀態。

所以若要愛自己，將自己視為一個重要，且無條件值得被尊重、被關注的生命對待，是必要的修正性經驗。

而當有穩定且足夠的關注之後，「自我肯定」是下一個不容易的練習。

第二步：學習自我肯定

所謂的「自我肯定」，許多人都有疑惑，很擔心「自我肯定」是自我膨脹或自我感覺良好。我常感慨，我們社會對於自我肯定的概念如此模糊，常常將扭曲的自我膨脹、自我感覺良好等等自我概念混淆為「自我肯定」。

自我肯定不同於自我感覺良好

一個能夠自我肯定的人，是勇於面對自己的限制與錯誤的。因為限制與錯誤並未傷及他的生命價值與自尊。在自尊與自我價值的肯定中，他勇於學習，勇於面對他尚未能好好處理與因應的事物，這些都不會使他懷疑自己的生命價值，甚至攻擊自己的生命價值。

而自我膨脹與自我感覺良好的人，出現的同一現象就是：不願意面對事物的責任，並且無法與人真誠溝通，不論發生什麼情況，會將錯誤的對象完全指向他人，並且讓自己不在情況中受檢視與受任何會引起他不舒服的討論。

自我肯定足夠的人，懂得尊重

自我肯定足夠的人，不僅懂得尊重自己的立場與感受，同時也尊重他人的立場與感受。他不會只站在自我的角度上，害怕自己的自尊與價值感受損，而拚命與努力的推卸所要負責的所在。也不需要強烈的指責他人，來將情勢轉移鋒頭，讓別人遭受攻擊與委屈。

自我肯定感弱的人，容易感覺受傷

而一個自我肯定感弱的人，常出現的情況是無法自我認同，對於自己的感受、想法與想要進行的行動，常處於不確定，且不斷的自我懷疑。即使暫時有一個定論想要表達自己的感覺與想法，只要他人一個懷疑的口氣、一個不置可否的眼神、一個不以為然的口氣，無法自我肯定的人，就會立即放棄原本的念頭，放棄再為自己發聲表達，也放棄為自己的立場與他人溝通。也很有可能，會立刻改變自己的立場或是感受想法，而將他人的觀點與評論裝入自己的內在，勉強自己要以這些觀點或這些評論為主，而失去自己的。

而即使勉強自己裝入他人的想法與觀點，自我肯定感弱的人，內心卻會累積著受傷與委屈的情緒感受。那種受傷與委屈感受是來自於：「為什麼沒有人肯定我？」、「為什麼環境總是要強迫我聽他們的？」、「為什麼沒有人支持我？」、

「為什麼都是我不好、我不對？為什麼都是要我改變我的想法與感覺？」

支持與肯定不需等別人給

而在這些情況中，有一個更深層的議題是，自我肯定感弱的人其實是最無法支持自己的人。他們對於犯錯非常敏感與在乎，他們很希望自己是完美無可挑剔的，希望能成為他人口中只有稱讚、只有肯定的人。

但是，總是事與願違，真實的人際情境，每個人都是說出自己的觀點與想法，每個人也總是投射出自己的經驗與過去所遭遇的。沒有人會自始至終總以他人為關注對象，不斷的瞭解他人想要的肯定與讚賞，不停的體會他人想要表達的感受與想法。每個人大部分的狀態其實都是在自己的位置上，說出與呈現出自己的生命經歷所累積下來的經驗。

然而自我肯定感弱的人，無法自我肯定與支持，卻渴望得到肯定與支持，於是他們只能冀求他人給予與提供。可想而知，若是處在負支持力的環境，比較缺乏關注與保護的環境，他們的內心便會承受許多的外在壓力（特別來自於強勢與權威的人），還有許多既矛盾又不知所措的混亂感與混淆感，弄不清楚什麼是自己的想法，什麼是他人的想法；什麼是自己的真實感覺、什麼其實是他人的感覺。

所以，若我們要學會愛自己，在課題上，我們要為自己學習成為能夠給予自己支持與肯定的人。

你不是一個瑕疵品

可是一定有人會大喊：「怎麼做？我不會。」當你這個聲音冒出來時，你要注意到，你已經先以語言限制住自己，也否定掉了自己（這就是我在前段所說，注意你內在習以為常的語言對你自己的框架與設限）。

要學習自我肯定，是需要先肯定你允許「自我肯定」在你生命中發生。並且，要先肯定每個生命都有自己可以有的存在空間，不會因為他人的意見與權力就被剝奪和侵犯。

簡單的說，自我肯定就是你能正面的肯定自己的存在。不會將自己視為一個瑕疵品，認為自己是有問題的，所以需要不斷被矯正、被糾錯。

如果一個人幼年生長在一個常被糾錯，或常被否定的環境，他對自己生命的概念，便容易內化那些負面的評價與傷害自尊的羞辱，並且將其視為事實，認定自己的生命極其不好、不佳，滿是錯誤與問題。於是，內在滿是恐懼與不安，害怕被拒絕、排斥與隔離。

需要安慰的內在小孩

在我們是小孩時，即使我們聽到負面否定與評價會不開心，會傷心，會難過，會生氣，會憂鬱，會沮喪，會無助，然而，我們並無能力分辨真相為何。小孩時期的我們，並不能具有認知思考能力分辨究竟是大人的人格特質、過往經驗與習性，而造成他們對我們的批評與否定，還是我們所做的行為真的嚴重造成了損害與問題。小孩的我們，看著大人所反應出的憤怒情緒，充滿不屑與批評的眼神和態度，我們會恐懼、驚嚇與不知所措，在這些情緒下，我們會很快的形成對自己的觀感與評論：「我很糟、我很笨、我很壞，我很差勁，我是被討厭的，我是不被喜愛的。」

如果我們很渴望愛與安全感，我們就會在這個歷程中交出自己，不斷的要求自己達成周圍大人們的喜悅與滿意，以此為生活的重大任務，並且無意識的不停追逐與在意他們的評語和看法，懼怕著他們的不滿意情緒，唯恐出現攻擊與指責。

我們可以用心體會與感受，如果一個孩子活在這樣的環境，他不知道自己是誰，也不明白自己為何得不到稱讚與肯定，也不懂自己何以好像只能很卑微的希求他人的一點兒關注與重視，卻總是無法如願獲得。我們試著體會，這個孩子內心會有多大的委屈、難過與不平。他的內心會如何的千瘡百孔，形成無數的破洞，傷痕累累。

享受獨一無二的生命權利

如果你願意愛自己，學會愛自己，你必須要能體會長期活在那種卑微、無辜、批評與指責環境中的自己，是如何的辛苦熬過來，又如何艱辛的承受這些壓力與壓迫。生命因為失去自由與自主的空間，因此無法綻放出燦爛自在的花朵。那就像本該盡情綻放的玫瑰，我們卻用塑膠袋把花蕊捆住、包裹住，讓它失去生命可以生長的空間，可以綻放的權利。

當你真心感受與體會到了自己一路以來的自我貶抑及存在空間被剝奪，你需要先還給自己這個生命存在的權利：「無論他人喜愛或不喜愛，這世界提供我一個生命的位置可以存在，無條件的存在。」

並且，在每天關注自己的歷程，無論自己出現哪些身體感受、情緒感覺、認知想法，與想要的行動反應，只要不是造成他人與自己生命的損害，我們都允許及肯定：「這是我的感覺」、「這是我的想法」、「這是我的觀點」、「這是我的經驗」、「這是我的反應」、「這是我的意願」、「這是我的選擇」、「這是我的決定」、「這是我的需要」。

為自己所被賦予的生命權利（有思想、有感受力、有行動選擇權）進行肯定與認可，不需任何人來為你背書與簽章。

容許與信任自己

若我們要開始學會愛自己，便是樂見自己能夠滿足自己，能夠為自己的渴望與想要付出生命能量及動力，並且願意祝福自己與成就自己。

談完「關注與肯定」之後，接下來很重要的是能夠「容許與信任自己」。容許，是還給自己身為人應有的權利，也是生命被賦予的權利。這權利是不能輕易被剝奪與侵犯的。例如：「我可以有感覺，無論那感覺是否是別人認同與具有的，我都容許我可以有自己獨特的感覺。」或是：「我可以為我的需求進行表達，進行表達是為了讓環境懂得我所需要的部分及方式。」還有，許多人都被剝奪「可以為自己選擇與決定」的權利，也需要還給自己這個基本的權利：「我有說不的權利，當我確實沒有意願或認為不適時，我可以為自己表達拒絕，防止被強迫與傷害。」

這些容許是為了讓生命在合宜與所需的空間中，成長與茁壯。如果生命成長過程，常有被剝奪與被侵犯的經驗，那麼個體在生長空間上，是一定會經驗到許多阻礙與限制。因為那些不容許的聲音，會在無時無刻出現嚇阻他與貶抑他，讓他以為自己生命是無權、無價值、無重要性，也無法改變什麼。

無法信任自己的人

長期生長在高權威與被剝奪生存空間的人，對於自己可以有權利擁有自我主張或感受相當無法置信。在他的經驗中，他可能時不時就遭遇被攻擊、被傷害與被漠視，也就是說，他的生命可以任意的就被侵犯與剝奪，並且不容許抗議與反對。即便曾經呼救過，或是抗爭過，但環境還是逼著他必須壓抑、忍耐與不要反抗。

漸漸的，他會越來越無助，越來越失去力量去維護自己的感受、想法與行動上的自由。對他而言，有自己的感受、想法及想要的行動，都是無意義的，不僅無人支持與在乎，更多的經驗是被批評與剝奪，或遭遇禁止與攻擊。這些挫折感，久而久之，都化為無力感與無助感，無力與無助將會侵蝕他的動力，讓他對什麼都失去興趣、失去希望，也失去夢想。為他而言，未來是茫然的，沒有什麼可以期待的。說穿了，他不期待自己，不認為自己的未來值得他期許、值得他付出與努力。

當一個人不被容許是他自己時，他是不可能信任自己的。

不知道自己真正想要什麼

當一個人時常被剝奪獨立的思維、獨立的感受、獨立的行動自主時，他的存在感是虛無的，也是模糊的。不論現在發生什麼情況，他無法弄懂自己，無法辨識自己，也無法瞭解自己。一個無法懂與瞭解自己的人，會出現左右為難的不確定感，不知道自己想要這樣還是想要那樣，不懂自己為何會如此又為何不如此。雖然環境與他有互動關係，但大多時候，他只是承受環境的對待與被環境的聲音決定，他很難弄清楚自己的想要或不想要。也許，知道「不想要」還容易一些，依著過往那些人際互動經驗中的不舒服反應、厭惡與沮喪感覺，或許還可以知道自己「不想要」的是什麼，但他卻難以深刻的知道自己真正「想要」的是什麼。

這種情況下，他要如何與自己有一個信任與合作性的關係？

當生命只有呼吸，還剩下什麼？

他害怕自己做錯選擇，害怕自己做錯決定，害怕自己出錯而無法承受後果，害怕自己因為選擇而經歷更大的傷害與攻擊，害怕自己的選擇與決定遭遇環境更大的拒絕與排斥。他的害怕與恐懼，使他無法信任自己，反而是不停的懷疑自己，與否定自己。

如此情況下，最好的反應就是什麼都不要反應，什麼都不要選擇，什麼都不要感受，什麼都不要釐清，什麼都不要行動。

而這樣的生命，又有什麼可以去突破，與去創造的呢？

當生命只剩下呼吸，沒有什麼渴望值得自己去付出生命能量與動力時，他必對自己的生命存在狀態感到無望與空虛。他無法在成長的歷程中，經驗到可以滿足自己的喜悅，也無法充分知覺到自己的能力與天賦，更無法從生命歷程中一點一滴的累積自己的歷練與成果，當然也就無法回饋自己想要的生命滿意度與自我喜愛度。

愛是來自積極的意願

若我們要開始學會愛自己，便是樂意見到自己能夠滿足自己，能夠為自己的渴望與想要付出生命能量及動力，並且願意祝福自己與成就自己。

一個對自己的渴望（無論那是夢想、期許、希望、需要）不容許的人，生命能量會因此被壓制與削弱。死氣沉沉，猶如僅存軀殼般的移動著，是無法讓生命滋長出愛的。愛，是來自於一份積極的意願，願意在即使過往我們經歷過傷痛與剝奪，仍不放棄以愛來修復生命，以愛來連結生命。如果無法與自己有個和平與和好的關係，那麼，我們和自己，就可能像是陌生人，不聞不問，不在乎，不當一回事，又怎能成為自己最真實也最真誠的伙伴，信任自己，親近自己呢？

無條件給予支持與積極欣賞

欣賞，是來自於看見生命所投入的努力，以及生命本身具有的獨特天賦與特質，因此而更瞭解自己的獨特美好，也更能在人生歷程中發揮潛質與力量。

在遭遇各種逆境後，人可以滑鐵盧一路滑到底，完全一敗塗地，徹底倒下；但也可以面對與接受這個逆境，試圖在逆境中，好好的反思自己的這一步與下一步是什麼？在有限的環境與條件中，接受事實，並調整自己還可以為自己的生命處境再多做點的是什麼？多付出些什麼？

是要往上成長，還是要往下持續陷落，中間的關鍵便在於心理素質與因應模式。

發現那一扇開著的門

健康心理素質，決定一個人往有成長性與過得充實的方向發展，並且獲得真實的滿足。

不健康的心理素質，會為人帶來一個充滿否定的人生，並且處處限制自己，總是告訴自己：「我什麼都做不了」、「我什麼都不能改變」、「壞事總是發生在我身上，我無能為力」……

不健康心理素質的人害怕失敗，因為太害怕，索性不要嘗試，什麼也不做。

美國心理學學者馬丁·塞利格曼（Martin E.P. Seligman）將此現象稱為「學得無助」（Learned helplessness），這是人與環境互動下，一點一滴的從他人的反應中，堅信自己是無能的，自己什麼也無法做，做不到。

於是，塞利格曼說：一個有著健康心理環境的人，能在絕境中看見自己還能做的事。也因為有力可施，漸漸的，便能扭轉乾坤。

即使有人在你面前關了門拒絕了你，一定在哪裡會有人是開著門，等著你。但關鍵在於，你把焦點放在拒絕你的人，還是繼續保有希望，聚焦於接受你的人。

我們都曾受傷，也曾受過關懷

當然，我們都會受傷，生命裡一定有受傷的經驗，但別忘了，亦有人幫助過你，關懷過你。若要人感謝過去深深傷害自己生命的人，似乎矯情了點。但我們確實有可能在被傷害的經驗中，領悟足以真正幫助與療癒自己生命的道理，並且好好的感謝經驗到的真實協助與鼓勵，並將這些協助與鼓勵化為願意珍愛自己的動力與能量，更多的支持自己，讓自己具有成長及蛻變的動力與能源。

你的取捨，你的眼光，你所聚焦的所在，便會決定你將留下什麼在你的生命中，佔據著你的生命空間，並且成為你傳唱的生命曲調與風格。

所以你需要覺察你的注意力與關注的焦點所在。

而注意力與關注的焦點，會反映出我們的詮釋與解讀。這些詮釋與解讀以語句的結構出現，為你塑造你所存在的世界。

停止負面思考的傷害

比如，你的詮釋與解讀說著：「我的生命沒有價值，我只能任憑他人傷害，除非他人停止傷害我，不然我什麼也無法改變。」在這個語句結構中，正顯示生命的信念是：環境決定一切，自己其實沒有能力也沒有力量為自己改變什麼。

那麼，這個信念足以讓你放棄所有的努力。也可能讓你預估所有的事情發展都是對你不利的，你只能無助又無能為力的承受與被決定。

尋找生命的另一個出口

但是，同樣的情境與景況，若你的詮釋與解讀是：「這一件事的挫折與失敗，是顯示我在此方面的能力尚不足，我還未真實學習過，也還有許多未知，這正是提供給我一個學習的情境與機會，讓我有機會因為挑戰而改變。」

那麼，這個信念將帶著你為你自己尋找出一個生命的出口，不論那是去學習一個新的領域、學習一份新的技能、學習經歷新的歷程，還是學習面對新的人生挑戰。

這就是心理素質對人的影響。

創造寬廣的心理空間

一個心理空間曾經經歷過傷害的人（特別是早年創傷），他的心理空間會猶如一個被戰火摧殘過的廢墟，或是一個經歷過殺戮的幽暗墳場，他難以相信光明與希望，記得的可能全是憤恨與痛苦、毀滅與哀傷。

那麼活在這樣心理空間的心靈，會活成什麼樣子呢？對他而言，他會相信這世界是什麼樣的世界呢？他又會認定自己是怎麼樣的自己呢？

我們常常說，改變一個人是困難的，而事實上，除非一個人自己想要改變，否則，沒有任何人能改變他。然而，一個人即使有心想改變，改變依舊是困難的，為什麼呢？這個困難在於，我們非常容易受過去經驗的影響，而想當然耳的認定情況是如何。一旦我們認定自己過去經驗所帶來的感受與想法，我們就會陷入在一種執著裡，這種執著可說是一種成見，也是一種失去彈性的觀看距離與角度的認知死胡同，怎麼想，還是會想到同樣的結果、同樣的答案。

這是大腦迴路不斷的重複走同樣路徑，所造成的大腦刻痕，一旦起了慣性想法的一個開端，接著幾乎是自動化推動，產生自動化反應結果。

尋找人生的其他可能性

當我們要為自己改造一個良好的心理環境、心理空間，可想而知，我們要多麼費力的、拚命的與我們既定成俗的那些認知觀念搏鬥，也要如何用力的、努力的不斷檢視自己冒出來的想法念頭，與不停覺察自己的情緒感受所激發出的既定想法，並且試著駁斥這些既定的觀念與想法邏輯，試著反問自己：

「只能這樣嗎？」

「一定是如此嗎？」

「有沒有別種可能性？」

「除此之外，還可能會是什麼？」

有了對自己的反問，我們才有機會反思，真正的停下來給予自己一點空間，思想與覺察那些自己無意識就出現的反應，以及自動化就被推衍出來的結論。

狹窄的地牢？還是寬廣的天堂？

人，其實是活在模式中的。而這模式包括了：認知想法、情緒感受，與行為反應。若我們沒有覺知到自己的這些反應如何發生、如何引起、引發的源頭，還有所連結的過去經驗是什麼，我們就難以有機會中斷自動化反應的發生。

而在捕捉這些自動化反應中，尤其我們對自己所慣用的語句內容（認知想法）極為重要，這些語句內容足以帶動我們的情緒感受，也足以推動我們的行為反應。而自動化的認知想法是瞬間發生，若沒有停、聽、看，我們很容易被這樣無意識的念頭帶著跑。

語言是被人使用的，你如何使用語言，會決定語言帶給你生命的是力量，還是破壞力與毀滅。所以你可以使用語言，帶給你正向的希望、盼望、感謝、好奇、欣賞、肯定，或是使用語言帶給你毀滅、仇恨、對立、不平與衝突。

例如，今天你工作一整天很累了，你可以說：「今天我很認真很努力，現在的我可以好好休息，我值得好好的照顧自己。」

或是：「我怎麼這樣就累了，好沒用，我應該更奉獻，更付出，我就知道我沒有辦法一直狀況都好，真是很糟糕。」

不同語言，帶來不同反應與感受，也會影響是為生命創造寬廣天堂或狹窄地牢。

無條件的給予自己支持

如果你願意愛自己，也就是你這個人，是你愛的對象。就如我們愛的任何一個人一樣，我們都希望為我們所愛的人帶來幸福與美好的感受，也願意對所愛的人表達我們的情感，包括關心、支持、喜愛與欣賞。

在「無條件給予支持」這練習上，我們需要改變過去成長歷程中常常經歷到的「有條件的愛」。有條件的愛，是那種我們必須要乖、要聽話、要品學兼優、要會討好人、要順從人、要讓人滿意……等等，我們才會得到一些關注與給予。如果我們在表現上，不能令人滿意，或是讓人失望與厭煩，我們身上的關注與獲得就會減少，甚至完全被剝奪。所以，我們會經驗到一種：有條件的愛。

我們內在渴望可以從我們生命中的重要他人身上獲得那無條件的愛。但那不是現實的世界，現實的世界是，人是有限制的，人也會有需要顧及自己的所在（無論他是哪一種角色），所以，人無法總是給出去，或總是不衡量給與收之間的平衡而只是付出。

當愛無法被滿足……

小孩子時候的我們，尚未熟知這現實中的世界，會以孩子的角度，想要能夠滿足自己對愛的渴望與需求。我們期待父母，甚至要求父母應該給予我們無條件的愛。在我們幼小的心靈世界，父母們都是強大而有能力的，如果他們願意給，應該可以源源不絕的給予及提供才對。所以，當父母沒有能力給予，做不到時，身為小孩的我們不是認識到父母的有限與無法給出，反而是責怪自己不被愛、不夠好、不討人喜歡，才得不到父母給出的無條件的愛與給予。

我們也會因此怪罪父母。我們認定他們一定能、一定行、一定有，所以當他們不給、不行，沒有辦法時，我們不是真的體認到他們的困難與限制，而是埋怨他們的私心讓他們拒絕給我們無條件的愛，拒絕提供源源不絕的資源與撫慰。

我就是我最重要的同伴

我們需要先能承認這世界的有限與不完美，才能認清外在環境中的他人是如此有限，也有他們的不能與不行，如此，我們才會終止再去期待、再去等待一個完美而理想的父母、伴侶、手足、摯友給予我們「無條件的支持與關愛」。

當這個事實能被我這個個體接納了，這個失落也能被我承認了，我們才能真的願意開始學會成為無條件支持自己的那個人。每個人能夠好好無條件支持自己的人，只有自己。每個人此生真正同伴同行的人，都只有自己，所以也只有自己是無時無刻的與自己同在。若自己都辦不到無條件支持自己，又怎能期待環境中的他人可以做到無條件支持我。

我們需要體認這個事實：我就是我最重要的同伴，也是我最親密的人，我需要在這人生真正的學會愛我自己，即使有人不懂如何愛我，有人無法以愛回應我，我還是願意為自己學會什麼是無條件的愛。無論如何，我都願意成為自己最堅固的依靠與可信任的力量。

當我自己可以成為自己的依靠與信任力量時，即使我還是一個人，但此時的「一個人」不再只是「一個人」，而是大於「一個人」的存在。我們的內在會經驗到許多不同的特質與能力，都成為自己好的合作伙伴。我可以是自己的啦啦隊，我可以是自己的後援部隊，我可以是自己的最佳隊友，也可以是自己的軍師與智囊團。我，是許多部分的總和，並且大於這個總和。

積極的欣賞自己

要與自己有良性的互動關係，並且具有默契，就必須是建立在我們彼此熟識也彼此欣賞的基礎下，才能通力合作。積極欣賞就是一種滋養，讓生命更能成長，也更有能量發展。我也常說「積極欣賞」是心靈免費的維他命。不僅強健我們的自我穩定度，也讓我們樂於成為自己，樂於成就自己。

試想，你每天處於對自己一日三省，與你每日處於對自己一日三欣賞，兩種歷程對你的影響是截然不同的。

是反思與檢視，不是批判

原本一日三省是要為自己進行一日的檢討，知道自己可以改善之處。但現代人常常是以批判與指責來嘲諷自己，申誡自己，有時以強大的火力猛烈對準自己，甚至失去界限，不知道怎麼停止這樣的批判與否定。在這樣的情況下，人怎麼可能會有好的休息與睡眠？

當我們帶著對自己的不滿意與否定，不斷在腦中回想自己一天裡的失誤與過錯，有時候，還在很細微的地方不放過自己，挑剔著自己。以致我們的大腦處於焦慮與緊繃狀態，很難真正的放鬆，進行修復與休眠。

每天至少欣賞自己三個點

但如果一日給自己三欣賞，比如，你可以在今天的回顧中，好好欣賞今天自己在某一個任務上的盡力與堅持，或是欣賞今天為自己做了一個不錯的選擇與新的行動。也可以欣賞今天勇於面對困難與挑戰，或是承擔了一份不容易背負的責任。

一個能積極欣賞自己的人，無形中就像是為自己這部生命之車加入能源與能量，讓自己在一天的耗損中，不是再經歷更大的耗損，而是能夠經歷到被肯定與被欣賞生命今日的付出與投入所在。

而一個人若懂得欣賞自己，他也比較能有眼光看見他人生命的努力與付出，看見他人生命的光芒及獨特之處，而不會只是用一般社會評價或標準來評論。

很多人常告訴我，他不會欣賞自己，也不懂如何欣賞。我會這樣回答：欣賞就是帶著真善美的眼光觀看世界、看生命、看自己。如果你能體會與培養出對真、善、美的辨識能力與鑑賞力，當你看見、看出，你不會漠視，假裝沒看見，你會自然而然的欣賞，並且願意回饋出這一份欣賞。

欣賞，是滋養生命的過程。就像是為生命施加養分，願意看見生命長得更美更好，更成為他該有的樣子。

欣賞絕不是空洞的講些外表的稱讚，像是：你髮型很好看、你衣服很漂亮、你膚色很美、你長得高又帥。這些稱讚都包含一種主觀的評價，且可能換個人的看法就出現了完全不同的評語。

看見自己的努力與能力

當我們提出欣賞時，是來自於看見生命本身投入的努力與能力，或是生命本身具有的獨特天賦與特質。這是回饋生命的過程，讓生命因此更瞭解自己的獨特美

好，也更能在人生歷程，發揮自己潛質與具有力量之處。

我們不僅給其他的生命這樣的回饋，我們也樂於給自己這樣的回饋：

「我好欣賞你今天勇敢的面對，學著去處理對你來說也是陌生的經驗。」

「我好欣賞你認真求問的態度，為自己堅持的品質付出努力的樣子。」

「我很欣賞你樂於幫助人的態度，且細心與仔細的瞭解他人的需要。」

「我很欣賞你樂於分享的行動力，你很願意奉獻自己的能力，也總是樂意將自己知道的資源告訴他人。」

「我很欣賞你願意學習的謙卑態度，願意努力讓自己的生命因為學習可以再成長。」

這些欣賞的正向回饋，能讓生命有種被看見的感動與溫暖。當我們能懂生命不簡單的堅持與不容易的承擔時，生命的努力與付出，就會得到正面意義。得到正面意義的生命，當然更願意成為自己，實現自己的生命價值，也貢獻出自己的生命力量。

慈悲與寬容

一旦你願意慈悲與寬容對待自己，你便願意開始學習照顧生命的苦痛之處，並給自己一份不離不棄的保證，你會想要祝福自己，給自己時間，醞釀改變的動力。

不是所有的存在都要強大與壯碩。柔軟與微小，也有它的位置與存在價值。就如同你的情感與面貌，有堅強之處，亦有柔軟之處；有瀟灑之處，亦有細膩之處；有光明之處，亦有暗黑之處；有衝動之處，亦有謹慎之處。

極端的追求，或只執著於某處的表現，都是失衡，這是來自害怕和拒絕某種情感經驗與面貌，而趕盡殺絕或貶抑切割，人也會經歷到心靈破碎與內在對立，並投射至與外在的對立。

無論是本能行動的生物性、欲望驅動的人性，或是超越昇華的神性，都需要認識、接觸與整合，這是你完整的合一歷程，是你認識與回歸真我的歷練與成長旅程。

在我們趨近成為愛本體的過程，靈性的力量是不可或缺的。因為唯有靈性的力量能超越這有限的現實物質世界。現實世界是充滿限制與短暫事物的，沒有什麼擁有是永遠存在，包括人我關係，都有分離與失去，或是改變的時刻。這些經驗都在告訴我們生命的實相，不要用力抓取物質與頭銜地位，或是用力控制關係與情感，這些都是虛無與短暫的，總有一刻你恐懼面對的變化，還是會來到。

寬容自己，也滋養了自己

當你生命越成長，生命經驗越累積，你其實會越來越體會到，這世界有許多無法單憑你一己之力就能掌控的情況；失去是如此，分離是如此，疾病是如此，老化是如此，死亡是如此。物質社會所建構的生存條件與所需，無法真的留存在生命中。然而，我們花最多生命時間與生命能量的地方，正是在獲取這些本質是無常且會消逝的生存條件與資源上。我們競爭、奪取、較量與侵佔，以致我們錯過許多生命時間，也浪費了許多心力能量，無法真實的去學習和體會讓自己成為更加溫厚、更具有涵容性的生命，好去滋養自己也滋潤他人，讓這世界更具有愛。

我們成為物質的奴隸，而不是使用物質讓我們體驗足夠的感覺，與學習分享。為了擁有那些特殊與耀眼的物質來證明自己能力和價值，我們拚了命的想要站在人前、站在高位、站在第一名的名次，讓自己擁有更多再更多，多到沒有人可以搶走，沒有人可以匹敵。我們的生活空間累積著我們幾輩子可能都用不完、用不到的東西。我們累積到有一天我們離開人世，那些物質卻無法真的回饋我們什麼生命意義，而是徒留給在世的人難以處理的負擔與紛爭。

物質，根本無法定義人一生的價值，頂多是社會所標定的「上流階級」、「時尚」、「雅痞」或是「成功人士」，但這些稱呼與定義，並不能真的讓人認識真正的你，也無法真的將獨特生命歷程與真實歷練的故事分享給他人知曉。到生命的盡頭，生命依舊孤獨，有太多內心的體會與感受，是只有自己一個人知道。除了所珍藏的物質，與用盡一生心力賺取的財富，沒有人真實認識過這人，也沒人真的能夠進入他的內心世界與之共享。無論歡喜或悲傷，都無人能懂，無人分享。

一個逼著自己用生命的力氣與時間去爭取、賺取更多物質與金錢的人，他的故事結局是如何，已經有太多人的人生故事告訴我們——他們懊悔莫及，感嘆著有太多的來不及，錯過了人生真正該去經歷也該去珍惜的經驗。

只活在物質世界的牢籠者，注定要讓自己遠離心靈的力量。

與自己生命和好的重要力量

而愛，是一種心靈的力量，是超越狹隘物質世界的力量。當一個人看重物質與金錢勝過重視生命，他很難會是個有愛與懂愛的人。在他眼中，只有利潤，只有利益衡量，只有計算。他很難明白愛，也不會認為愛是他生命所要實現的意義。

所以，若你認同這個重視物質的社會，活在必須努力爭取爭奪資源與利益的殘酷世界中，愛，也會離你遠遠的，無法靠近你的生命，無法進入你的心靈。

愛的本質裡，有付出、成全、關懷、接納、祝福、寬容與慈悲，當然也有為愛受苦，或為愛犧牲的部分。《聖經》說，愛裡沒有恐懼。愛，只會讓我們成為生命的勇者。若說是愛，卻讓我們疑惑、不安、怯怕與混亂，那不會是愛。

愛與恨常被說為一體兩面，若沒有愛，也不會滋生恨；若不是失去與愛的連結，恨也不會發生在個體的心靈中。即使是有恨的人，都比一個只重視物質世界的人，更可能發現愛，讓愛回到生命中修復生命。

對於一個內心有恨的人來說，或是對長期缺愛及心靈失衡的生命來說，慈悲與寬容是與自己生命和好，療癒自己的最重要的靈性力量。

被恨意囚禁的人

一直遭受惡待，或是長期處於受傷、受虐與漠視的情境中，無力抵抗也無力離去的人，只能讓自己隱忍與壓抑所有的痛苦；痛苦感若再遭受不被理解、不被理會的經驗，繼續的承受著傷害與惡意，則痛苦開始生出恨意，如詛咒般的希望那些傷害自己的人，可以有被制裁或受懲罰的一天，他們應該為自己的惡行付出該付出的代價。

處在恨意中的人，當然是希望傷害自己的人可以罪有應得，或是該付出些什麼慘痛教訓。但在他沒有注意之時，不知不覺中，恨意開始侵蝕著他自己的心靈，恨意開始像個陰鬱的不速之客，住進他的心房，在他心靈開始布下懷疑與憎恨的耳語，鼓動著人要排斥這個虛偽的世界，厭惡這個醜陋世界。因為懷疑與憎恨，這個心房的光源越來越微小，外頭也照進不了什麼光線。而最大的悲劇是，這個心房的主人徹底被恨意這房客囚禁與綁架，再也出不了心房，也無法再踏出去這個世界半步，無法再與這世界聯繫。

在這個社會，我們不就看到太多被恨意綁架的人，終其一生活在仇很中，並且不斷的散播仇恨，傳遞著敵對與毀滅力量，任誰也無法鬆動與影響。

跟不甘心道別

所以，當我們要學會愛自己，我們需要先與生命深處的恨意和解。如果我們把「恨意」視為一個陰魂不散的幽魂（是過去歲月因為傷痛而誕生的憂傷靈魂），那麼，這幽魂是帶著不甘心，還有不為人懂的傷心故事在你生命中飄盪。

就跟所有傷心的幽魂故事一樣，如果這恨意幽魂的傷心與失落無法被聽懂，它的委屈與不甘心無法被接納，它生命所受的創傷與不當對待無法被回應，幽魂是無法得到釋懷與安息的，幽魂也就沒有機會感受到一份善解與善待，而能夠將夜夜獨自哀哭的深層傷痛釋放出來。

但不要忘記，這幽魂在你內在，在你心靈之中，你如果很恐懼面對，也不願觸碰這恨意幽魂，你就只能拚命想脫逃，假裝它不存在。或是，你可能會想假借他人之手，希望有人消滅它，除掉它。這些方式，終究無法真的化解恨意，也無法讓幽魂放下仇恨憂苦，與你生命和解，願意好好離開你現在的生命，不再佔有你。

對自己寬容與接納

事實上，除了靈性愛與光的神聖力量能夠承接、能夠療癒，在人而言，沒有人可以為別人的心靈幽魂負起責任去處理與轉化。這不是生命要我們學習的道理。

生命的道理，不是要讓我們成為一個迴避生命成長責任與只求依賴他人的個體。人生一路，不是要我們一個一個的找尋宿主，吸取他人的生命能量來承接我的生命。

生命，真正要我們學習的是，讓我們經驗生命轉化的歷程，從懵懂無知的天真者，經歷過傷害、沮喪、挫折、苦難，讓我們學習謙卑的面對生命，並且在體認過現實的殘酷後，能夠明智的辨識生命真實的價值與意義，也能清晰的覺知自己需要如何負起生命的責任，不是再困在不清明的循環中，不認識自己。也不再用過去生命的受傷經驗，扭曲自己的形象，扭曲對這世界的理解，持續的再傷害自己、虐待自己、漠視自己。

生命是獨特的存在

對自己寬容與接納，就是將自己承接下來，擁抱進來。不再以社會化評價與標籤，排斥自己、批評自己與攻擊自己。如此只是把自己工具化，要符合社會這大機器的運作模式與規則。

有些人害怕自己有人性，有人性讓他以為自己是難搞的人，自己特立獨行的話會被社會拒絕。他怕自己無法立足於社會，這可能來自於從小的恐懼，被威脅與恐嚇著：若是生命沒有價值，無法滿足他人喜愛與滿意，是不配也不值得活在這個環境、這個世界的。為了要能活在環境中，要安然存活，就是要將自己去人性化，不再有個體的獨特性，不再有自己的情緒感覺、思維想法，與行動上的自主權和自由。

這也是一種依附，讓生命依附在大群體中，依附在社會的運作中，就可以免去獨立支撐自己生命重量的恐懼感與無助感。

培養內在的涵納胸懷

但抹滅掉自己人性的人，將自己工具化的人，是不可能經歷到愛的。他只有要求與強迫自己要成為工具，壓抑與否認自己的真實感受。內在只會經驗到巨大的空洞、麻木與漠然。

就像是一具沒有表情的機械人。

對自己寬容接納，是讓自己內在培養出深厚承接力的力量。就像是穹蒼，能涵納一切的存有，涵容一切的存在。浩瀚廣闊的穹蒼，讓生命共同的相生相息，共同的連結也幫補。這才是有機體的生命。

慈悲的力量

嚴苛標準，嚴厲要求，是做事所需要的精準度與正確能力，卻不是對待有機體的好方式。因為生命不是物，而程序與事務的重要性都不該凌駕在生命之上，要人犧牲生命來成就目標與任務。自古以來，東西方歷史中的人類殘殺同類的悲劇，與虐待生命的殘忍行徑，不就是將人的生命視為物，盡情剝削與濫用，惡意凌虐與殘害？現代人或許不再以粗暴與野蠻的態度和行為殘殺同類，但在資本主義的運作下，在組織機構的控制下，將人生命的重要性忽略，剝奪生命的健康與自主，將人視為工具的濫用，其實還是都存在這樣的事實。

在環境與情境的塑造及影響下，人很容易就認同自己應該失去個體性，將自己的獨特性模糊化。然後抱著這樣的信念生存：只要不突出，應該都可以安然生存。於是，他讓自己沒有生命力的活著，也不再關切自己生命的天賦，一切身為人的感受與權利都不再重要。

與受苦的自己連結

如果要學會愛自己，我們需要對自己的生命抱有感情，不再是把自己視為物。這一份感情是，當回看自己生命所經歷的傷痛時，能帶著溫柔的態度與柔軟的心感受來體會，自己過往所累積與遭遇的傷悲、苦痛、掙扎和恐懼經驗。真的連結了自己生命所受的苦，知道受苦生命的煎熬與絕望，還有反覆承受的折磨，那些痛不欲生的時刻，自己是如何背負，如何承擔，如何難受與困頓，又如何深陷與糾結。

那一個受苦的自己，是你最需要真實連結的自己。

若你拒絕與受苦的自己連結，你會忿忿不平、憤世嫉俗、暴跳如雷、抱怨指責……這些反應都不是和受苦的自己連結，而是急著迴避，或急著解決，或急著解救，但都不是同在與連結。

同在與連結，是來自於慈悲的力量，是一份不忍、不捨、心疼，還有對於哀傷苦痛生命的愛惜。不忍對方再受痛，不捨對方再受苦，想要陪同對方離開傷害他的場合與情境，想要支持對方為他的生命療傷止痛，真實的療癒。

若你不懂慈悲，那麼你可以先去連結讓你感到慈悲的對象。讓你自己先辨識先認識慈悲的力量。

讓生命回復該有的氣息

我所經驗到的慈悲力量，其典範是我的信仰——基督耶穌。耶穌的慈悲是我體會與認識到最完全的。雖然對人來說這是十分艱難發生與實踐的，但我不以要完美來要求自己，而是讓我可以從自己的生命歷程中，學習與體會耶穌的心，用一生的時間修練自己內在慈悲的心靈力量。

許多人會要求自己對人慈悲為懷，也十分肯定慈悲是超越這世上的怨恨與衝突的力量。但我要強調的是，你需要先讓自己經驗到慈悲，也就是你需要先能夠對自己慈悲，因為你對自己慈悲，慈悲才會真實的常駐在你心靈。若你是為了形象與角色慈悲，你會拿慈悲的面具戴上，但那其實只是一個虛殼、一個外表。當情境過了，角色與形象褪下，你會發現你的內心並不存有慈悲力量，沒有光，沒有愛的滋潤，內心裡頭其實仍是哀傷陰鬱一片黑暗，只見一個冷漠或憤怒，厭煩或沮喪的自己，顯現在你內在。

慈悲，是對生命受苦的不捨，希望生命在受苦中能付出撫慰與照護，並且願意深刻的聆聽與理解生命的難處和痛處。透過溫柔凝視與接觸，讓生命回暖回溫，修復生命，讓生命回復該有的氣息。

我會在你身邊，不離棄的守護你

如果你願意學會慈悲與寬容對待自己，你可以給自己一份新的承諾與保證；在承諾與保證中，保證停止讓生命再受痛、受苦。為此，你願意開始學習照顧生命的苦痛之處，所以你揭開傷處。揭開傷處是為了療傷，絕不是循環式的挖掘傷處，卻拒絕學習敷藥或照護的能力。

給自己一份不離不棄的保證也十分重要。

我們或多或少都在生命歷程中，經歷被拋棄，或是有人離開我們生命。在經驗被遺棄與被排除的經驗中，我們可能把焦點一直放在遺棄我們的人身上，或是不斷的關注離開我們的人的下落與發展。

我們痛心，我們遺憾，我們懷念，我們糾結，我們反覆與回憶拉扯。我們還是持續的處在被遺棄的位置，持續的望著離去人的背影，等待著對方轉身回到我們身邊。

若你對自己慈悲，你會深刻的連結這一份受苦的感覺，你會為著自己的受苦感受心疼與難過。你會知道自己內在的傷痕累累如何吞噬著自己的生命能量，又如何的讓自己不敢再愛、不敢再付出情感，而受苦而孤寂。你若懂，你會想要祝福自己，你願意給自己時間醞釀改變的動力，但同時間，你以慈悲的心對自己說：

「我知道你受苦了，我知道這一份苦你背得很重，背得好辛苦。我知道你曾經如此信任感情，如此願意付出自己。你為愛勇敢過，你為愛努力過，你也為愛受傷了。我深知你走過的這一段歷程，知道你從何處走來，我看了心疼也為你心酸，但我以你為驕傲，以你為榮耀，因你勇敢的經驗這一路的起伏與煎熬。而今你仍還在過程中，但你不需要擔憂再被遺棄，再被排除，我會在你身邊，不離棄的守護你，陪伴你，與你同在。陪你走過這生命不容易的經歷，學習這一份關於愛的功課。」

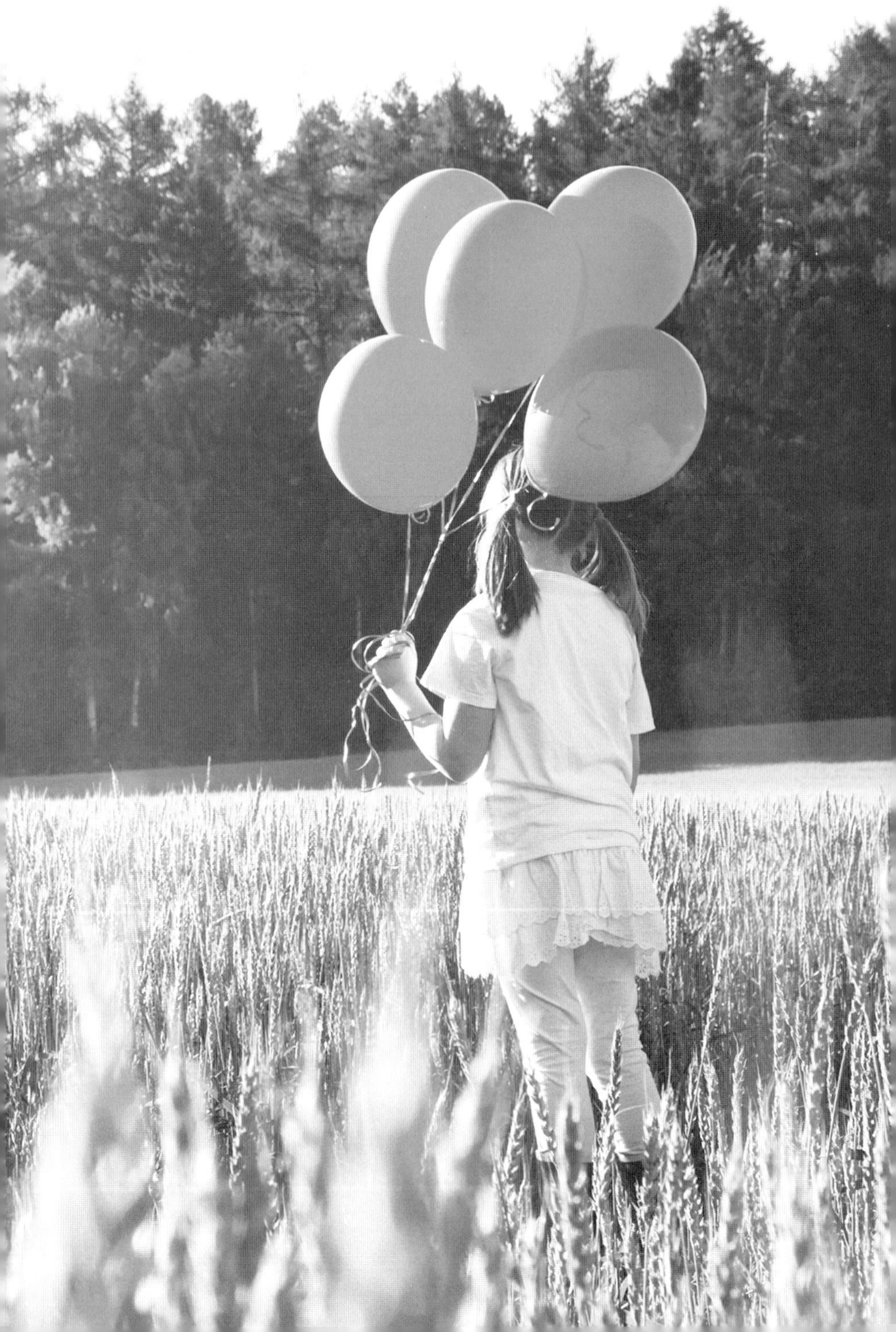

第七章

建立自我與學習尊重人我界線

——彈性而清楚的界線，維護完整獨立的自我

尊重獨立選擇的自由
——慣性依賴的建昌

建昌最大的困擾就是，他不知道自己的感覺，不知道自己想要什麼，不知道除了應付別人的要求與期待，他還能有什麼自己的夢想或想要過的生活。

建昌生長在一個大家庭，所謂大家庭是他上面有七個姊姊，他排行第八，卻是家中唯一男生。這個唯一，讓他一出生，就彷彿有了八個媽媽，每個女性都是為了照顧他而存在。

包括他的媽媽在內，家中八名女性對他無微不至的照顧，如果天氣冷，他不用感覺，身上自然會有保暖的衣服；如果要準備明天上學的書包與制服，他不用思考明天一天的課表是什麼，自然會有非常多雙手與眼睛幫他核對課表，整理書包，與把他的制服準備好；如果吃飯時間到，他的碗中永遠有最熱騰騰與最豐富的食物，他必須全部吃下，不需要分辨這東西對他而言是什麼滋味；如果他累了倒頭就睡，他倒頭睡的地方會自然而然的成為一張舒適的床鋪，以及蓋上不會讓他著涼的棉被。

每一天，每一天，他身邊總會有人圍繞。正確來說，總會有女性圍繞。而他也習慣於自己被這些女性包圍，這些女性七嘴八舌的聲音在他身邊迴盪來迴盪去。他很習慣，卻從來不用去聽清楚她們在說些什麼，反正就都是她們在相互交代要做這個，要做那個，要注意這個，要注意那個。而那些事情其實他只需要配合，從來也不需要瞭解與弄懂前因後果。

直到有一天，建昌對一個女孩有了不同的感覺。這女孩獨立，身邊沒有什麼親人在幫她做這做那，而她卻十足的自信有活力。當她見到建昌，就告訴建昌：你怎麼看起來這麼弱不禁風？這麼無精打采？你不快樂嗎？沒有什麼你想要努力的嗎？

突然間，建昌好像被雷擊中，有些說不清楚的感受湧了出來。他腦中有個畫面浮現，他想要跟這個女孩共度人生，他會在這個女孩身邊真正的找回自己、擁有自己，他會像這個女孩一樣，好像可以擁有一個值得自己期待的人生。

於是，他終於有一點生命的熱情，積極的主動接觸這個女孩。他想追求這個女孩，好證明自己可以有一段屬於自己的戀情，這是不需要被安排，也不需要被決定的。

但他的積極主動，與開始有自己的意見與選擇的自主時，他周圍的女性們開始慌張，開始覺得這家中最需要被保護的唯一男孩似乎很不對勁，好像有點變壞的趨勢，好像開始會反叛些什麼，好像不再是她們心中最貼心、最親近她們的兒子與小弟弟。

由於建昌什麼都不說，建昌周圍的女性無法瞭解建昌到底在想些什麼。於是，她們求神問卜，想要知道是不是有什麼不好的東西跟著建昌，讓建昌個性丕變。求神問卜出來的答案很多，大都要建昌家人為建昌消災解厄，排除厄運。

有些女性則是堅持要對建昌曉以大義，告訴建昌，這個家不允許有一個叛逆的小孩，她們為建昌付出很多，給建昌十足的愛，就是希望建昌不要像時下有問題家庭的孩子一樣不懂家人的辛苦，不知道家人的擔憂。

有些女性慌張與焦慮的感覺被建昌排斥在外，不僅失落的流淚，還會憤怒的指責建昌的負心與不顧家人親情。

建昌像是這個家庭的大罪人，每一個曾經為建昌付出的女性，此時都對建昌施加自己難受與挫折的情緒。她們希望建昌回到家裡那個乖順聽話的位置上，不要讓她們覺得這個家的氣氛變了，不要讓她們承受家庭不完整的感覺。

她們告訴建昌，這個家的老爸爸與老媽媽未來都要靠建昌，她們雖然會從旁協助，但真正要扛起這個家庭延續的責任者是建昌，所以要建昌以這個家為重，不要萌生什麼離開家的念頭，也不要花心力在外面不該交的朋友，與不該參與的生活。

看著她們哭泣、慌張、情緒激動、失落、煩惱，建昌開始認為也許自己太天真了，這個人生其實從頭到尾都不是他的。也許他沒有任何的選擇和自由，可以去爭取與建立自己想要的生活。

而那個曾經讓他萌生不一樣感覺的女孩，建昌也不敢對家人說出來，他想，算了吧！在還沒真正開始以前，就讓一切結束吧！

與自己親近的相處

一個人，若無法真實的體認到自己是一個完整與健全的個體，他便會尋尋覓覓、覓覓尋尋那可以依附的對象。在他的內心，自己一個人是無法獨立存在的，必須要有另一個有能力者、強大者、供應者、保護者存在，來解救他可憐與無助的心靈。他的脆弱成為他的藉口，有了理由佔有他人，要他人來為自己的生命的滿足與渴望負責。若沒有外在環境的支持與供應，他根本難以想像他能如何在這世上建立自己，又如何能夠開創自己的人生？

十一年前，在要正式進入三十而立之年前，我隻身一人，用了工作所存的第一筆儲蓄前往倫敦短居遊學。想趁年輕還敢冒險時，努力讓自己學會在異鄉獨自生活，以真正的學習獨立與獨處的生命課題。

我相信，自己能夠與自己獨處、和平與親近相處的人，才是一個獨立成熟與穩定的個體。

但是，這個自我訓練在初期時並不順遂。每當夜深人靜，我處在無依無靠的倫敦郊區小鎮裡，望著大明月，感受到身邊從未感受過的寂靜與孤獨，周圍靜悄悄的，好似這世界只有我一人存在。那種恐懼與害怕，曾經大到讓我好幾個夜晚獨自大哭。所有過往認識的關係，依賴過的人，在那樣的處境中，都變得遙不可及。我，只有我自己，別無他人。

然而，在那樣看似絕境的景況中，我漸漸能懂為自己打氣，鼓勵自己要看清楚自己的需要，要自己學習什麼是獨立與勇氣，要自己為自己的生命學會負責與照顧。

情感是異鄉的安慰劑

那時，常看見也從異國來的年輕學子，一陣混淆與無意識人際互動中，就急著和誰靠近與親密，然後又驟然的分手。那種感情關係不長久，雖然好像在求學讀書，但大家的眼神飄來飄去，總是張望著誰是那個我可以撲向他的人。這種感情是危險的，因為衝動，所以每個星期，當有人回自己國家去了，他的短暫伴侶就會恐慌，然後尋找下一個。

曾經看過亞洲女孩，覺得靠自己在異鄉太辛苦，和已婚的英籍語言學校總務主任走在一起。曾經看見和日本女孩交往的臺灣男孩，覺得索然無味後，急著要分手。曾經看見日本男孩，這個月女友是中國人，下個月女友變成韓國人。每個星期，學校同學的伴侶是誰，都要update。

情感，在異鄉的日子，是安慰劑，安慰遊子孤寂又寂寞的心。

只滿足需求其實是佔據，愛乃是分享

我學習忍受孤獨也承接照顧好自己的責任。同時，我看清楚了愛與需求的不同。需求，會讓你想佔據與剝奪；愛，則讓你願意付出與分享。我也因此深刻體會，唯有我個體完整了，我才會也遇到另一個完整的生命，一同創造完整的情感。而不是建立在需求滿足的關係上，只想依賴與利用。

完整而成熟的兩個人，關係才能平衡，那時你可以給，不只要收；而對方不僅能收，亦能給，是互惠與互相支持。

如果只是一方強烈需求，索求無度，那會失衡；如果只有一方拚命付出，犧牲委屈，那也會失衡。如果情感裡常是計算與較量，那更會失衡，還累積大量的傷害與種下仇恨的種子。

要別人喜歡你，你得先喜歡自己

真正的愛，是需要學習的。而大部分的兩人關係，其實是一個人內在與自己關係的投射。因為自己不喜歡自己，而認為對方一定不喜歡自己；因為自己無法安撫自己，而執著對方一定要全力在乎自己；因為，自己內心不安定，而覺得這一段關係很不穩定。

關係的另一人常被物化，不是被視為一個生命在認識與瞭解，而是，自己內在需求與缺乏的填充物。自己需要什麼，缺乏什麼，以為對方可以給，或是可以填滿，所以形成關係。若對方拒絕，不如期待，我們就抗議、抗爭、耍賴與拉扯。我們不想面對差異的真實，不想承認另一個人有他自己行動上的自主與自由，我其實只能決定我自己的選擇，與決定我自己的反應。

建立在「滿足需求」的關係，常是控制與支配

在關係諮商中，我常問困在關係裡的當事人：「你在這段關係裡，拿什麼？那人又在這段關係裡，要什麼？你們要的，是對方給得了的嗎？你給的，是對方真正需要的嗎？」

需求的滿足與供應，常是構出關係的要素。但也因為後來要不到了，拿不了了，因此關係裡的兩人都不愉快，都怨了。說白了，就是各自想像中的關係破滅了。而所投射所釋放出去的需求，落空了。所以我們傷心、沮喪，恐懼失去，同時憤怒。

即使建立了關係，沒有人應是附屬在另一人的控制之下，也不會存在只為了滿足

其中一人的需求。所謂理當的權利，其實沒有那麼理所應當。如果認為理所應當的，就要求另一人一定要給出，一定要滿足，一定要這個那個，那往往會演變成控制、支配、勒索、威脅，束縛著彼此在關係中，不是經驗到愛，而是經驗到窒息與痛苦。

這不是愛，只是你不願意長大

但無奈的是，大多數的人童年都有缺憾，愛獲得的不完全，把那未竟的缺憾投射在長大後的伴侶身上，以為那人就是滿足自己缺憾的解救劑或拯救者。然後，又在不清楚自己、也不清楚他人早年陰影是什麼的情況下投入關係，再屢屢受挫，以致一直的耗損生命，也耗損彼此生命能量。

所以，別急著解決愛情中的問題，而是好好的來端詳清楚自己的內在。你不認識自己，又如何能夠真實的認識對方？你不懂自己需要什麼，又如何能在關係中感到真實的滿足呢？

唯有你好好的認識自己，辨識自己，讓自我覺醒，感受到自我的力量，你才不會總要依附在關係中，躲在情感中，只渴求對方的關注眼神、永遠不會累的呵護重視、永遠不會冷掉的濃情密意，好迴避你害怕面對的真實與現實的世界。

那其實不是愛，只是你不願意長大，害怕寂寞，害怕承擔，不願意學習建立成熟之愛的安撫品。

進化與提升不受拘束的生存本能

建立自我，發展成熟獨立的個體，不僅需要冒險、勇氣，往往還得克服我們內在本我與超我的衝突和拉扯，試著讓生命有空間長出自我，實屬不易。這就像一棵小樹苗從夾縫中要萌出頭來，需要多麼不容易的堅持與奮鬥力量。

為什麼這麼說呢？因為從出生開始，我們的本我與生俱來，這本我是我們的生存本能，幫我們反應生物性的需求，像是餓了要吃，累了要睡，不舒服會哭，滿足愉快了會笑。當本能的驅力非常強大，外表是不難看見本能的發生，就如：即使已是一個成人，當飢餓會引發個體生存本能的焦慮，這時若讓他肚子餓著，他不僅會大發雷霆，更可能大吵大鬧，毫無耐心與忍受力。

而在我們童年時（五歲前），幾乎是以本能來生存與因應環境來的訊息和刺激。可說是自然不受侷限與束縛的。但是，社會與家庭不會任憑我們這樣下去，因為本能雖然不是罪惡，但那也是最低層次的需求，只顧著滿足生物性需求的人，是無法朝文明與進化的方向前進。唯有教育與學習，人才不會只停留在生物性的本能需求與滿足上，而忘了自己是處在社會群體生活中的一分子，仍然有其行為的規範，與需要瞭解的社會人際互動技巧。

而我們的大腦能力因為學習與接受教育，不再任憑生存本能衝動性的反應，與不知道自制的失控。不僅能思考，辨識事物的好壞後果，也能激發不同潛能，開創及實踐自己的夢想。甚至，進一步貢獻力量與智慧給世界，利人益己。

鬆動與調整高理想的超我期待

停留在生物性生存本能的層次滿足本我，絕對不是人類的命運，也不是人類該停留的生命層次。

所以我們也會建立與發展具有「高理想性」的我，透過理想化的期許，透過教育學習歷程所遇到的權威者，因著他們的要求與期許，我們想要看到自己的生命可以不同，可以展現出好要更好的成就，讓人看見我們生命的卓越。

所以我們免不了在成長歷程中，因為有所期待，而催逼自己，嚴格對待自己，我們要看見自己的成功，也要看見自己的卓越。我們想要一個強大、理性、有能力、權威形象的自己，我們便會把自己推到那樣的位置上，並且迴避與拒絕內在任何猶如小孩子特性的自己。我們以為只要自己不再恐懼、不再膽怯、不再依賴，也不再有情緒起伏與衝動，就是實現一個無懈可擊理想完美的自己。

兩個「我」在拔河

當我們內在被這兩股勢力（本能我、理想我）佔據，而沒有從成長的歷程中，透過自己經驗的學習、領受、分辨、累積經驗與教訓，而發展出一個具有此時此刻因應環境變化與挑戰的「自我」時，這兩股勢力便會在內在拉扯著，一下要滿足自己，一下又要求自己；一下想要依著自己的感覺走，一下又必須符合外在的評價與期待。

就像是這樣的經驗：你知道你需要完成功課或工作，你也知道完成功課與工作，是一份做人做事要負責任的道理，你「應該」要催逼自己完成，也該命令自己不要偷懶，要值得被信任。但同時，你內在有一股無法抑制的動力，拉著你去睡覺、玩線上遊戲、看電視，或做其他根本不是眼前最需要去因應的事。

你會在兩股內在勢力的搏鬥下，七上八下，左右徬徨。若你服從超我（要成功、要完美、要理想化的動力），你會一邊進行，一邊感到被逼迫的不舒服與不甘心；若你順應本我（本能要滿足需求的動力），你會情緒上得到安撫與滿足，但緊接著會有罪惡感，會譴責自己的懶散與怠惰（這是來自超我的苛責與教訓）。

所以一個人，若超我與本我勢力都很強大，卻失去「自我」——這具有分辨環境狀態、蒐集資料與評估分析能力的人格部分，我們就無法在內在兩股勢力衝突與對立的情況下，進行瞭解、分析、辨識、取捨與為自己的決定進行選擇。也無法真正的承擔選擇過後的代價與後果。

給生命空間長出自我

我常以這樣的比喻讓我當事人明白內在的各種力量之間的關係與動力。你想像一下，你的內在是一個國度，你是這個國度的君主，你的責任是理解百姓的需要，聆聽各種建言，實地觀察與瞭解這個國度所處的情況，無論是天象氣候、糧食資源供應問題、人民生活景況及感受，還有國度內部穩定及安全性，還有，與外在其他國度之間的合作往來關係。

所以你需要聆聽這個國度基礎人民的聲音（本我），你也會需要採納大臣們的建言與忠言，特別是對於國度發展參與過建造的老臣們（超我）。

然而，若你偏重那些只顧著滿足自己欲望與需求的本我聲音，或是顧著回應與實現更多期待和要求的超我聲音，你的自我功能會當機，停滯，無法好好發揮功能。失去自我功能的你，只能任憑內在的某一勢力掌控，而不是讓那些力量成為你的資源、提醒，或是參考資料。

安撫內在的原始需求

如果你只是你自己生命國度的偽君王，事實上，你是拒絕承擔生命責任，把生命的經營權、治理權、發展權，交給只顧吃喝玩樂滿足本我的兒皇帝擔任；可想而知，他只想當小孩，不想真的學會治理生命國度，關照蒼生。當然，他的能力（功能）也無法讓他真的成為成熟擔任治理責任的角色。

他的存在，是要提醒個體必須滿足生存所需要的各種需求：餓了要吃、睏了要睡、累了要休息、緊張時要放鬆、有壓力時要緩和、悲傷時要安慰、孤單時要陪伴、憤怒時要保護、挫折時要鼓勵、付出過要補償……

這些是很重要的提醒，但不是都要立即性完全滿足不可的。所以，自我（國度的君主）要能與本我的需求對話，瞭解，聆聽，協商，回應，有時也需要給予一些策略方法，來安撫與解決本我所經驗到的挑戰與困難。

體諒自己的不完美

另一種可能是，若你是偽皇帝，你將生命國度的治理與發展權，交給權威與嚴厲的老臣（像《鹿鼎記》中的鰲拜）。這是過去影響生命的權威勢力，也是你只能聽命而不敢展現真實自我的要求力量——超我，他的存在就是逼迫你、控制你、指使你完成與實現他認為完美而理想的生命狀態。他不要聽理由，不要瞭解現實，也不想被反對，更不願意討論，那麼，你的生命國度也不是真實的握在你的手上，只是被這股害怕自己不夠好害怕自己不完美，害怕自己失敗與軟弱的勢力推著跑，推著進行。你仍然無法思考，無法瞭解現實處境的情況，無法認識清楚這個生命國度真實的樣貌，當然也無法為生命國度選擇真正適合的發展與建設。

越平衡，越和諧

不論是被內在兒皇帝控制，還是被內在老臣控制，你的自我都無法因為鍛鍊與學習而累積智慧與能力，無法真正的成為一名生命國度的明君。

內在的人格狀態（超我、自我、本我），如果不是在自我功能的瞭解、協調與整合的運作下，人往往不是被催逼好要更好，在焦慮停頓與失敗的陰影下度日，就是在只顧著滿足私我的欲望與享樂，衝動行事造成許多不可收拾的後果中度日。

理想我、本能我與自我的整合與合作

一個完整獨立的個體，就是他能承認自己的各個部分與面向的存在，他有理想性，他亦有本能性。但最重要的，他還有能夠調整與明智分析及判斷的能力。透過有功能的自我，他可以調節超我的強迫性不要過度與不合理，避免讓生命賠上更大的代價（包括發生的焦慮症狀、憂鬱症狀、偏執、完美傾向的強迫症狀，都是一種代價）。

他也能夠評估與分析本我的需求（玩樂享受、吃喝獲得照顧、情緒獲得安撫等等）的適當性和適切性，為本我選擇與分辨。畢竟並非所有能夠滿足本我的需求，都是對個體的成長與發展有益處的。例如：不停購物與不停飲食，不停熬夜玩樂與沒有節制的性愛活動及物質依賴，這些會讓生命付出非常巨大的代價，將生命資源與能量耗損殆盡。

一個人的自我功能不罷工，不自我貶抑，不自我放棄，不自我打擊，你才能夠在學習中、在練習中、在培養中，鍛鍊新的方法與因應技能，也能夠好好的為自己的生命擔負起主人的角色，真正的行使治理與發展的重責大任。

而自我的功能若能行使，便能漸漸獲得力量的回饋，而不再需要透過外在的供應，來幫補自己的缺乏與失去功能的部分。比如：沒自信者，往往就需要於外在找一個強勢者；一個無法承擔選擇後果者，就會找一個可以指使他、供應他意見與辨法者。

成為自己生命的主人

否定自我功能，拒絕建立獨立自我感的人，必會遭遇人我界限的困難與層出不窮的問題。就如剛剛說到的，這一個人因為自我功能不全或喪失，當他個體要運作時，需要不斷的採納他人的意見與看法，因為無法好好承擔自己的選擇後果，他也就需要找外界的人來幫他負責。

當他有一個想法或行動想做，但內在的自我沒有力量承擔，也沒有自信心支持自己，他只好不停的去收集其他人的意見（特別是他心中的權威者、專家、重要的參考對象）。但因為他無法有自我功能中「收集、分析、選擇與決定」的功能，所以那些龐大的意見與看法，甚至完全迴異的論點，只會造成他內部更大的混亂與衝突。

這就像是把他的內在隱喻成一個房間，這一個房間滿滿都是其他人，那些人聲音大，意見激烈，辯論吵雜，但是他自己卻在他內在的這個房間中，待在一個陰暗不起眼的角落，看著那些人爭吵不休，製造混亂，他卻什麼都無法反應什麼都不能做。當然也無法成為這場討論會的主席，好好的決策與仲裁。

所以，當要好好的成為自己，便是願意把自己扶正，真正的成為自己生命的主人。同時，也深知他人也是他們生命的主人。每個人都需要為自己生命國度的發展與治理負起重責大任，而不是任由混亂與迴避責任侵佔著國家，耗損了生命資產，也浪費了能好好建造完整獨立個體的生命機會。

第八章

愛，為自己成為自己的再生父母

——學會愛，經驗愛，成為愛

請你們真正看見我
——哀傷憤恨的清嵐

清嵐想起自己的父母，只有哀傷與憤恨。這一份糾結與矛盾的情感，讓她不願意說起她的父母。若一談起他們，她心裡立刻有厭惡感，特別是對她的母親，她的口氣與語調都充滿了輕視和不屑。

清嵐是家中的獨生女。但獨生女的身分，沒有讓她感覺到自己被父母愛著。

清嵐的母親，在清嵐的眼中是一個只能依賴男性的沒用女人。從小就看著母親被父親像罵狗一樣的罵著，任意的打著，母親總是忙著說對不起，哭泣，無助的縮著身體。清嵐一開始會同情母親，覺得母親被父親很過分的欺負，但每當她對父親的暴力行為感到憤怒，而要母親堅強一點，乾脆離開父親好了，不要讓自己過這樣不開心的日子時，她就會聽到母親幽幽的說：「能去哪裡？我什麼都不會。沒有婚姻，沒有這個家，我還有什麼？」

清嵐的父親是一個高科技公司的主管。她其實很小的時候就在無意中知道，父親在外面有兩、三個外遇對象。她不想管，也不想插手父親的事，父親對她來說是虛空的角色。在她成長過程，父親從來沒有把注意力放在她身上，唯一會注意的只有她的成績名次。若她沒有在班級保持前三名的成績，她的父親就一陣咆哮與羞辱，罵她豬狗不如，養她不如養一隻狗。有時，父親若是帶著酒意回來，看清嵐的態度覺得不滿意，還會對清嵐拳打腳踢。

清嵐並不認為自己有父母和沒有父母有什麼不同。她的家居住在高級地段，她的父親出入是名車，全家的衣服都是名牌，從小她就被安排參加許多課程與才藝。

但是這些物質生活的條件還是沒有辦法讓她覺得自己是一個有父母的小孩。

升高中時，父親要求母親把清嵐送出國讀書，要清嵐早一點學習適應國外生活，讓自己有更多競爭力，免得成為廢物一個。雖然清嵐有自己要好的同學死黨，央求母親不要聽父親的指示把她一個人送出國，但母親的無力與怯弱，讓清嵐徹底的失去對母親的敬重。她深刻的明白，這個母親只是忙著害怕自己生存的不安全感，只是恐懼自己失去丈夫的關注與生活供應，從來沒有真的看見過她這個女兒的存在，也從來沒有在乎過她這個女兒想要的生活是什麼。

她咬著牙離開她的家，獨自去面對國外完全陌生的環境。當她離開家的那一刻，她的心有著一種痛，那痛是她徹底的被拋棄了，她體會到從今以後，她只有自己，她只能靠自己的能力存活。她不僅被父親拋棄，也被母親拋棄，這世上沒有屬於自己的親人。

到了國外，因為語言的隔閡，因為文化的差異，她常感受到班上同學的取笑與排斥；在寄養家庭也沒感覺到幫助與照顧，反而是常常對她提出很多要她配合、要她注意的生活規矩。好不容易撐到大學，她心情卻變得更加煩悶，更加空虛，在夜深人靜時，內在強大的孤單感總是侵蝕著她的心靈，她不知道自己是誰？活著做什麼？沒有人愛的生命到底為什麼要存在？

她想到父親、想到母親，只感覺到自己和他們都沒有關係。而他們的人生樣子一點兒也不值得她期待與複製。她不斷感覺到生命有一種深邃的黑暗，慢慢吞噬著她生命的光亮處。她懷疑自己將要一輩子被黑暗囚禁，她只能過著陰沉的日子。

漸漸的，當她受不了自己內心的焦慮與痛苦感受，她便讓自己喝酒或吞藥，把自己的神智弄得不清楚，或許這樣比較不用感受痛苦與虛空感。她也開始依戀上和不同的異性發生性關係的刺激感，這樣可以讓她有短暫——非常短暫的一種感覺：覺得有人是渴望她與愛戀她的，她不是廢物，不是垃圾，不是豬狗不如。

但不習慣與人靠近的她，很快的就會和性關係的對象切斷聯絡，她討厭那種後續要讓對方進入她的生活領域的感覺。她的世界，其實只能容下她自己一人，她不善於和人長時間相處。

日子一天一天的過，她混亂的生活不停上演，勉強將大學念畢業，卻對未來更加茫然。而此時的她已不想回自己的國家，但也沒有動力在異國好好的努力奮鬥，建立自己的生活領域。她覺得生命的一切都好困難，無力承受，而不管她人在哪裡，她覺得都沒有屬於她自己的地方，她對任何人都不重要，也不會有人真正關心她。

一面對自己的生命景況，她就感到厭惡自己，而內心更湧出一種強烈對父母親的憤怒，覺得自己生長在那樣冷漠與疏離的家庭是種悲哀與不幸，而她的父母甚至連她的內心多麼不平、多麼受傷，一點也不知道，不關心。她這令人討厭的人生，究竟該怎麼辦？究竟誰是她的拯救者，讓她心中可以有一些救贖的感覺，可以給她一個新的人生，可以讓她重新做自己，可以有不同的性格、不同的思維、不同的反應？她也不想自己充滿憤恨與厭惡，但這些感受卻怎麼也離不開她。

讓自己更有愛的能力

我們都沒有完美的父母。我們的父母一定也有讓我們受傷之處，但超越父母給的傷痛的最好療癒方式，就是讓自己成為比他們更有愛的能力的人，成為自己的再生父母，而非執意要他們成為我們要的樣子。

如果我們埋怨父母，憎恨父母，自己卻無助與抗拒成為有愛的能力的個體，我們其實和父母是一樣的，都是一個拒絕成為愛、否定愛，也不懂愛，並且抗拒愛、排斥愛的人。如果我們也做這樣的選擇，為什麼父母他們不能是這樣的生命？

人世的進展與文明，就是下一代會超越上一代。如果下一代受限於上一代的框架、教養塑造、限制剝奪，就只能代代相傳無愛的生命，無法建立真實愛連結的關係，也無法學習愛的能力，那麼我們也只能在受困、受限，與持續受苦的輪迴中彼此傷害，也不斷的再傷害下一代。

但沒有經歷過穩定愛、信任愛、撫慰愛感受的人，要能從生命中的虛空之處，開始灌入愛的泉源、愛的相信，與愛的能量，是極為困難的挑戰。

因為沒有經驗值，就無法辨識何為愛，甚至可能錯認傷害為愛，虐待為愛，依賴為愛。

既想擁有，卻又想逃的恐懼與矛盾

當愛的接收器出現裂痕與遭遇過損害，即使後來真實與成熟的愛出現了，愛也會被扭曲成傷害，或是太害怕再受傷、再失去，而選擇拒絕、選擇懷疑與防衛。

當個體內在對愛是充滿不信任的，也認為對愛有渴望、有需求就是增加自己生命被傷害的機率，那麼他的防衛機制會很靈敏的幫他隔絕愛的發生、否定愛的存在。

即使外表上是在接觸愛，像是談戀愛，和人際發展關係，或是進入性愛親密行為，但內心真實呈現與翻湧的是對於愛的不確定，與充滿懷疑和不安全感的若即若離。既想擁有，卻又想逃。既想與人連結，卻又害怕被吞噬與控制。

一旦真的擁有了某段深入的關係，不安全感與掌控欲會讓個體患得患失，痛苦不堪。於是控制會發生，要對方完全照著自己的意思行動，重視與在乎我的感覺，不要讓我經歷失望與失落，因為失望與失落是我最痛和最苦的經驗，我要避免這種感覺再發生，也要防止任何不能掌控的意外。

你真正等待的「那個人」，是你自己

於是，我們在不同段關係中轉換，在不同關係中失望，又在不同關係中經歷相似的傷。這些傷，都來自於對愛的掌控與渴求，想要一個無微不至的照顧者，照顧我們內心無助、傷心，哭泣不停的小小孩，不要讓我們再痛、再苦、再受傷，能夠真正的疼愛我、珍惜我、滿足我、懂我、照顧我。

但無論歷經幾回，我們最終需要明白與體悟——向外尋求支持與關愛，終究只是一段歷程。

若你沒有從向外尋求，漸漸走向向內尋找；向你內在神性、靈性力量連結（超越有限個體的神聖力量），你必然會感覺到不足、不夠、不合。

你會遍尋那理想完美的「那人」，以為終有那最正確與最完美的「那人」，可以永遠不疲累、不厭倦、不疏離，時時刻刻的關注與滿足著你。

如果你仍無法將體會到的外在支持，漸漸的轉化為、內化為你的內在支持，成為你內在的一份安穩力量，一種對生命的友善信念，那終究，你會在他人的不能夠中、不準確中，失望、失落與憤恨。

接受人與人之間的獨特性

其實，這世界不會有一個人自始至終能完全的懂你的心情，貼近你的心境感受，即使再怎麼有意願、怎麼嘗試貼近，仍然有一部分無法理解與懂，也是這部分造就了每個人的獨特性。

接受人與人之間的獨特性，與有限性，才有可能接收到他人試著給出的關懷與理解。不總是苛求他人的百分百正確給予與回應，我們才真的能收進他人百分之五、或百分之十的關懷與支持。然後積少成多，漸漸將掏空與虧損已久的內心缺洞填滿，漸漸儲存支持能量與信任資產。

不以滿分來做為要求與期待他人一定要給足，要全懂，即使是生養你的母親也無法如此通透與全然給予。

這世界的良善與正向肯定、無條件的支持，或許有限，也稀少，但至少我們可以嘗試先願意這樣善待自己、愛護自己、珍惜自己。

內在小孩與內在父母

好多人已知曉我們內在有一個「內在小孩」的存在。那麼，大家也能明白我們內在也有「內在父母」的存在。「內在小孩」是我們幼年時所感知的感受，以及對環境與對自己的看法。而「內在父母」是我們幼年所經歷到的父母，他們的形象、對待我們的態度與教養我們的方式，都會被童年的我們不加以思索就內化進我們的內在，成為我們生命系統的一部分。

大家可想而知，當我們內在的小孩感受跑出來時，我們的內在也會有內化的父母隨之跑出來批評、勸說，或是忽略，甚至攻擊。

因此，我們總是內在衝突得厲害，不斷的經歷自我攻擊，與自我抗拒。沒有整合好的自己，便會呈現自我的分裂，就像一隻手拿矛，另一隻手拿盾，用矛攻擊自己，又用盾想要為自己辯駁，試圖保護自己。

如此，常常是耗費許多能量的主因。擺不平自己，將自己弄得筋疲力盡，也就無法將能量運用在開展自己與提升自己的關鍵上。更會耗損自己對生命的熱情與活力，而不是好好的活出自己。

再造自己成為生命的再生父母，便是重新學習教養與照顧的能力，而不是再沿用與複製過去父母的樣子來繼續錯待自己、傷害自己、忽視自己。你可以覺醒，可以不再像過去父母那樣不懂愛、不懂親近、不懂分享、不懂聆聽與理解。你可以學習，可以改造、可以提升，可以成為自己更有愛、更懂理解、更能含納與包容的新父母。

「你，為什麼不愛我？」

我常以《七夜怪談》（日本鬼片）裡的主角「貞子」，來象徵在我們心中，被推往心裡那口井的內在小孩。

過去，遭遇被否定與傷害的我們，也認同了外在的人將我們內在的情緒與情感否定、羞辱與拒絕。我們將自己被排斥、被否定的陰影與創傷視為不祥，認定是這不祥的部分，使我們的生命持續得不到認可與無法獲得渴望的愛。

我們厭惡、憎恨自己，並且將自己的生命切割得支離破碎，認定自己有問題與怪異，於是，更極力想要擺脫那會讓自己感到可恥與不堪的自己。

所以，受冤屈與受排斥的貞子，拚了命的從井裡要爬出來，拚命的找尋那可以愛她的對象。但所有人只有恐懼與排斥，驚嚇與奔跑。受屈辱與難堪的貞子於是殺紅了眼，一個人一個人（象徵一段關係一段關係）的毀滅。直到，她找到了她的媽媽（象徵成人的自己），媽媽（成人的自己）以為貞子（內在受排斥與忽略的內在小孩）是來報復的，以為她是來討債的，但其實在找到了媽媽之後，貞子最想知道的，是想要問她的媽媽：「媽媽，妳為什麼不愛我？」

其實，你的內在小孩，也在如此問你：「你，為什麼不愛我？」

當你真實的面對自己內在受忽略與受傷害的自己時，當他浮現在你眼前，當他真的問了你：「你，為什麼不愛我？」

你會如何回答？

會不會像過去大人一樣的迴避、敷衍，或是怪罪與指責？會不會像過去那個時代一樣，聽不懂內心感受與情緒，無法真實情感連結，也無法表達出愛？

終結傷痛歲月，好好活在此刻

如果你無法有不同的回應，無法給出一個情感的連結與理解，也無法面對與承認內在渴望愛的事實，你就會依然逃避，依然拒絕接觸與面對你的內在小孩。你無法和內在小孩有個心靈的對話，不願承認他的辛苦與受痛，無法靠近他給他一個理解的擁抱，也就無法與他和好，合而為一，帶著他從那受痛歲月中，緩緩的走向你現在的生命時空，好好完整的活在生命歷程中的「現在」（Here and Now）。

你會無法創造你現在的可能性，因為你生命的力量被過去限制，被過去那些承受

過的傷害恐嚇、威脅、嘲諷、恥笑。他們像是千百個人圍繞在你身邊，盡情的取笑你不行、無能、丟臉、可笑、糟糕、爛透了，他們用所有的手段要讓你相信你是一個十足失敗，與怎麼也不可能成為健康、完整、成熟的一個人。

即使你很想抗拒接收這些聲音，但這些聲音幾乎不會受到什麼樣的質疑與驅離，毫不費力的跑到你的心裡面，在你心中叫囂嚷嚷。

你無力的癱軟在地，任憑這些聲音攻擊與恐嚇你。而你只能像個沒有父母保護與照顧的孤兒，讓這些充滿恐懼的聲音嘲弄你、傷害你與威脅你。

用愛與接納，轉化創傷和陰影

除非，你願意拿回你的力量，不讓恐懼佔滿你全身，好好的認清楚，而不是閉眼低頭不看。你所恐懼的他人，如你一樣，都只是人；會老、會病、會不足，會有限，會有強悍卻也都有軟弱。沒有任何人是你想像中的魔鬼，也沒有任何人是你想像中強大的敵人，更沒有人是擁有神力的巨人。你可以還原人的模樣，還原自己的模樣，還原真實世界的樣貌，你才不會一直停留在腦中所幻想出的可怕世界，或是投射出你孩童時所經歷的殘暴世界。

當然，真實的世界，不意謂不危險，或沒有傷害。我們若停留在幼年時被灌輸的禮教道理中，以為人性本善，所有人都真誠良善，這世界都是好人有好報，以這些信念認定世界該長成的樣子，這是一種忽略與逃避。因為每一天這世界的殘忍與受傷受害都真實在發生。

沒有認清楚這些傷害與殘暴的存在，我們就無法真正的保護自己，也無法真實的帶自己離開那些危險與惡待的處境，甚至認同那樣的殘暴與惡待，而讓自己成為另一個施暴者與加害者。而最大施暴與加害的對象，也就是我們自己。

唯有愛與接納，才能轉化創傷與陰影；唯有愛，可以療癒生命。也唯有我們願意與愛連結，才能讓我們內在曾經經歷的支離破碎有了縫合，有了修補。

然後，長成完整的自己。

【終回】

成熟——完整長大

人並不是年齡成年了，身軀長大了，就自然而然的成熟了。

成熟的長大，是一種蛻變；是面對過現實的真實，是體會過殘酷的痛楚，與受過無仁無義的打擊，在滿是挑戰與難關的歷程中，看見與面對自己的責任，並且不再幻想有一個人可以讓人躲在背後，可以讓人不用承擔自己生命的重量，可以讓人不斷以孩子的無助姿態，索取另一人提供的無盡滿足。

但只是承擔或是硬撐住自己的生命責任與重量，也不是成熟，最多是努力、奮鬥與堅毅的生存者。

完整的成熟，是需要發展慈悲、撫慰力、照顧力與包容力，不只是站在自己立場與中心看這世界，與解讀他人，而是能夠真正的理解自己、他人，理解世界。

成熟，是生命蛻變的歷程，也是個體轉化的歷程，像蝶經過蛹化，離開幼蟲時的狀態，真正的成為自己生命最需要長成的樣子。

然而，在蛻變之前，要忍受的是足夠時間的蟄伏，也要能接受生命還在醞釀、儲存能量，不疾不徐，要能克制住不是以自己的蠻力鬥狠，也不是以自己的蠻橫催逼生命，殘害生命。

愛自己，或成為愛，正是一種生命的蛻變。在蛻變前，往往必須先進入黑暗，像毛毛蟲化為蛹，在未真的羽化前，牠不知道自己是誰，但牠回不到過去。牠動彈不得，沒有力氣掙脫蛹的束縛與包覆。牠只能從焦慮中，慢慢的交出控制的心，慢慢的接納自己的生命處境，慢慢的讓自己滋生出安於當下，臣服於時間的醞釀。牠真的對未來未知，但牠知道，當牠接受生命有無形的力量在幫助牠成為牠自己，那麼牠需要做的，就是每一個時刻，牠讓自己體驗，無論那是什麼。直到牠的翅膀長成，有力量了，牠離開束縛與厚繭，看見自己的重生與真實的成為充滿生命力與自由的生命。真的成為牠該成為的樣子。

蛻變是一系列的過程。是一層一層的脫去舊殼，直到你完整的成熟，完整的完成，成為真我。

在我生命的前三十年，青少年時期的我，常被指指點點說凶，說我孤僻、難以親近，臉上也總是帶著冷漠與兇狠。

兒童時期的我，沒有父母在身邊，也常要忍受寄住在不同家庭中的羞辱、辱罵指責，甚至毒打。沒有父母親保護的我，常不明白為什麼沒人愛我？為什麼旁人對我的臉色與眼神總是說著我是麻煩、垃圾、飯桶。

在生命的最早嬰童階段，我沒有感受過穩定與信任的愛，也沒有辦法愛自己。憎恨自己，厭惡世界，是我的強項；忿忿不平，看什麼都不順眼，看什麼都有滿腹的牢騷與埋怨，才是我的本色；怪罪世界、怪罪他人、怪罪事物的難以理解與難以控制，是我的家常便飯。

但是，這樣的三十年，我沒有更好，沒有平靜，沒有解苦，沒有不痛。

戰爭，是無法結束戰爭的。恨意，是無法終結怨恨的。

唯有愛，慈悲、寬容、心疼、撫慰、理解、涵納、滋養、支持，生命才能獲得再造，與蛻變。

心狠手辣，引發爭端，或是冷眼以待，或許可以加倍還人那些怨與恨，或是期盼讓所謂的惡人有惡報，但那終將無法使靈魂真實的療癒與平靜。奮戰一場過後，人，還是得面對自己長久以來的傷痕累累，與內心巨大的空虛大洞。

如今，我談愛的連結，或是推動以愛滋養、以愛療癒受傷的生命，不是因為我自小活在一個愛充足的家庭，也不是我從小得到的愛比任何人都多，更不是因為我比大家擁有更能獲取愛的方法。

而是，我真實的體會，唯有走向「成為愛」的生命，我們才能以愛來修補受傷的心靈，以愛重新陪自己長大，也以愛真實與他人生命連結。

我相信當我的生命逐步的在朝向成為愛的主體完成，讓愛先豐富我內在的力量，我才可能從生命內在，湧出源源不絕的能量來進行生命傷痛與裂痕的修補工程。

無止盡往外求他人的拯救，往外求他人的照顧與為我們的生命負責，終究會阻礙生命的成熟，也破壞生命的完整。

然而，若生命沒有完成成熟，我們就無法有幸福關係的可能性。因為建立在依賴，迴避負責，拒絕長大的關係中，只會存在控制、剝奪、傷害、侵犯，這些都是離建立真實幸福的生命相反的方向。

如果你願意愛自己，這個意願一旦堅定，就如同信仰一樣，不再讓你懷疑，不再讓你充滿了但書，不再讓你有許多理由拒絕愛進入你的生命。

事實上，愛，是信仰。如同我相信基督的愛與接納，療癒我心靈的傷痛，引領我走向靈魂完整的道路，並且成為我腳前的燈，路上的光，帶我走靈魂真正回到家的路。

當我的人格成熟，我的心靈才能不再因為傷痛扭曲了眼光，而曲解了生命。

當我們如實的走過生命要我們學習的磨練，成就心靈的強壯，我們便能在此生的終了，對一生沒有無法釋懷的遺憾，也沒有無法告別的糾纏仇恨。我們可以真正的帶著對愛的理解與明白，回去靈魂的歸處；一個不再有恐懼，不再有強迫，不再有壓制，不再有掠奪，不再有冷漠，不再有疏離，不再有仇恨，不再有斷裂，不再有危害，是真實的安穩，與全然的信任的心靈之家。

為了找到這心靈回家的道路，在這一生，請讓自己好好的學會，愛的功課，愛的練習，愛的滋養。

祝福你在此生，終將學會愛自己。

參考書目

《內在英雄：六種生活的原型》（立緒出版，二〇〇〇年）
《以愛之名，我願意》（心靈工坊，二〇〇九年）
《當下，與你真誠相遇》（張老師文化，二〇〇九年）
《一個人的療癒》（大是文化，二〇一一年）
《回歸真我》（啟示出版，二〇一二年）
《與過去和好》（啟示出版，二〇一二年）
《轉化之旅：自性的追尋》（心靈工坊，二〇一二年）
《英雄之旅：個體化原則概論》（心靈工坊，二〇一二年）
《當恐懼遇見愛》（啟示出版，二〇一三年）
《信任的療癒力》（啟示出版，二〇一三年）
《其實是媽媽在傷害孩子》（大田出版，二〇一三年）
《當下，與情緒相遇》（張老師文化，二〇一三年）
《別永遠傷在童年：如何療癒自己的內在小孩》（簡體字版，譯林出版，二〇一三年）
《說不出的故事，最想被聽見》（圓神出版，二〇一四年）
《心靈療癒自助手冊》（天下文化，二〇一四年）

國家圖書館預行編目資料

其實你沒有學會愛自己：練習以愛，重新陪自己長大／蘇絢慧著
--初版.--臺北市：寶瓶文化, 2014.04
面； 公分.--(Vision；115)
ISBN 978-986-5896-65-2（平裝）

1.心理創傷 2.心理治療

178.8　　103003808

Vision 115

其實你沒有學會愛自己——練習以愛，重新陪自己長大

作者／蘇絢慧

發行人／張寶琴
社長兼總編輯／朱亞君
副總編輯／張純玲
資深編輯／丁慧瑋　編輯／林婕伃
美術主編／林慧雯
校對／丁慧瑋・劉素芬・賴逸娟・蘇絢慧
營銷部主任／林歆婕　業務專員／林裕翔　企劃專員／李祉萱
財務主任／歐素琪
出版者／寶瓶文化事業股份有限公司
地址／台北市110信義區基隆路一段180號8樓
電話／(02)27494988　傳真／(02)27495072
郵政劃撥／19446403　寶瓶文化事業股份有限公司
印刷廠／世和印製企業有限公司
總經銷／大和書報圖書股份有限公司　電話／(02)89902588
地址／新北市五股工業區五工五路2號　傳真／(02)22997900
E-mail／aquarius@udngroup.com

法律顧問／理律法律事務所陳長文律師、蔣大中律師
如有破損或裝訂錯誤，請寄回本公司更換
著作完成日期／二〇一四年二月
初版一刷日期／二〇一四年三月二十七日
初版二十九刷日期／二〇二一年十月二十八日

ISBN／978-986-5896-65-2
定價／三二〇元

AQUARIUS 寶瓶文化事業

愛書人卡

感謝您熱心的為我們填寫，
對您的意見，我們會認真的加以參考，
希望寶瓶文化推出的每一本書，都能得到您的肯定與永遠的支持。

系列：Vision 115　**書名：其實你沒有學會愛自己**

1. 姓名：＿＿＿＿＿＿＿＿　性別：□男　□女
2. 生日：＿＿＿年＿＿＿月＿＿＿日
3. 教育程度：□大學以上　□大學　□專科　□高中、高職　□高中職以下
4. 職業：＿＿＿＿＿＿＿＿
5. 聯絡地址：＿＿＿＿＿＿＿＿＿＿＿＿＿＿＿＿＿＿

   聯絡電話：＿＿＿＿＿＿＿＿　手機：＿＿＿＿＿＿＿＿
6. E-mail信箱：＿＿＿＿＿＿＿＿＿＿＿＿＿＿＿＿

   □同意　□不同意　免費獲得寶瓶文化叢書訊息
7. 購買日期：＿＿＿年＿＿＿月＿＿＿日
8. 您得知本書的管道：□報紙／雜誌　□電視／電台　□親友介紹　□逛書店　□網路

   □傳單／海報　□廣告　□其他
9. 您在哪裡買到本書：□書店，店名＿＿＿＿＿＿　□劃撥　□現場活動　□贈書

   □網路購書，網站名稱：＿＿＿＿＿＿＿　□其他＿＿＿＿＿＿
10. 對本書的建議：（請填代號　1. 滿意　2. 尚可　3. 再改進，請提供意見）

    內容：＿＿＿＿＿＿＿＿＿＿＿＿＿

    封面：＿＿＿＿＿＿＿＿＿＿＿＿＿

    編排：＿＿＿＿＿＿＿＿＿＿＿＿＿

    其他：＿＿＿＿＿＿＿＿＿＿＿＿＿

    綜合意見：＿＿＿＿＿＿＿＿＿＿＿＿＿＿＿＿＿＿＿＿＿＿＿＿
11. 希望我們未來出版哪一類的書籍：＿＿＿＿＿＿＿＿＿＿＿＿＿＿＿＿

讓文字與書寫的聲音大鳴大放

寶瓶文化事業股份有限公司

（請沿此虛線剪下）

廣　告　回　函
北區郵政管理局登記
證北台字15345號
免貼郵票

寶瓶文化事業股份有限公司　收

110台北市信義區基隆路一段180號8樓
8F,180 KEELUNG RD.,SEC.1,
TAIPEI.(110)TAIWAN R.O.C.

（請沿虛線對折後寄回，或傳真至02-27495072。謝謝）